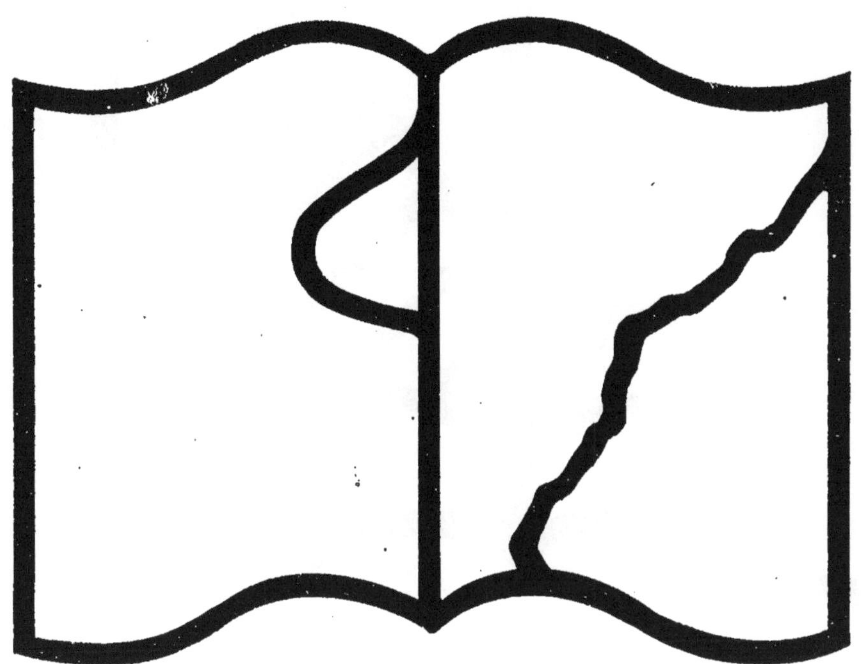

Texte détérioré — reliure défectueuse

**NF Z 43**-120-11

Symbole applicable
pour tout,ou partie
des documents microfilmés

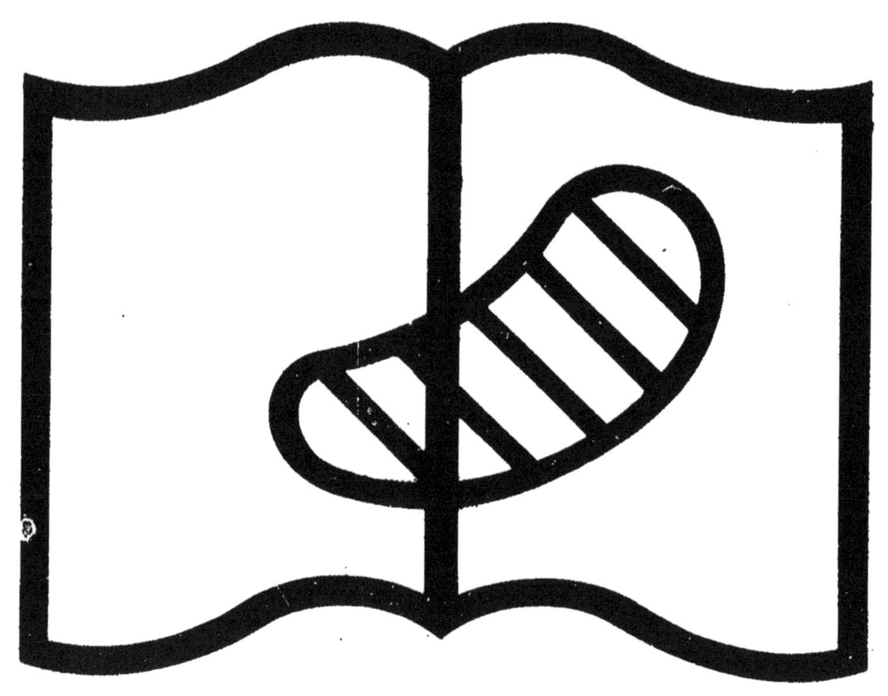

Original illisible

**NF Z 43**-120-10

Symbole applicable
pour tout,ou partie
des documents microfilmés

# PSYCHO-PHYSIOLOGIE

## DE

# LA DOULEUR

# PRINCIPAUX TRAVAUX DES MÊMES AUTEURS

### M. Stefanowska

*La grande hypnose chez les grenouilles en inanition* (Bulletin de l'Académie royale de médecine de Belgique, 26 juillet 1902).
*Evolution des cellules nerveuses corticales chez la souris* (Annales de la Société des sciences médicales et naturelles de Bruxelles, 1898).
*Localisation des altérations cérébrales produites par l'éther* (Ibid., 1900).
*Sur le mode de formation des varicosités dans les prolongements des cellules nerveuses* (Ibid., 1900).
*Résistance réactionnelle variable dans les différents territoires du cerveau* (Journal de neurologie, 1901)
*Les appendices terminaux des dendrites cérébraux* (Archives des sciences physiques et naturelles, Genève, 1901).

### M. Stefanowska et I. Ioteyko

*Influence des anesthésiques sur l'excitabilité des muscles et des nerfs* (Annales de la Société des sciences médicales et naturelles, 1901).
*Dissociation des phénomènes de sensibilité et de motilité dans l'anesthésie par l'éther* (Bulletin de l'Académie royale de médecine de Belgique, 1902).
*Recherches algésimétriques* (Ibid., 1903).

### I. Ioteyko

*Les substances algogènes* (Journal de neurologie, 1905).
*Fatigue* (Article du Dictionnaire de physiologie de Ch. Richet, 200 p. in-8, F. Alcan, 1903).
*Entraînement et fatigue au point de vue militaire* (Misch et Thron, Bruxelles, 1905).
*La fatigue et la respiration élémentaire du muscle* (Thèse de la Faculté de médecine de Paris, 1896, chez Ollier-Henry).
*Études sur la contraction tonique du muscle strié et ses excitants* (Mémoires publiés par l'Académie royale de médecine de Belgique, 1903).
*Mécanisme physiologique de la réaction de dégénérescence des muscles* (Bulletin de l'Académie de médecine de Belgique, 1903).
*Recherches expérimentales sur la résistance des centres nerveux médullaires à la fatigue* (Annales de la Société royale des sciences médicales et naturelles, 1899).
*Les lois de l'ergographie.* (Bull. de l'Acad. ds méd. de Belgique, 1904.)
*Résumé de ses travaux scientifiques* (103 numéros, 1906). Prix Montyon de physiologie expérimentale, 1900 (Institut de France). Prix Lallemand pour le système nerveux, 1903 (Institut de France).
*Revue psychologique.* Recueil trimestriel, paraissant sous sa direction depuis 1908. Avenue Paul-de-Jaer, 35, Bruxelles. Prix de l'abonnement annuel : Belgique, 8 fr., Etranger, 10 fr.

# PSYCHO-PHYSIOLOGIE

## DE

# LA DOULEUR

### PAR

**I. IOTEYKO** ET **M. STEFANOWSKA**

Docteur en médecine,
Lauréate de l'Institut de France,
Chef des travaux au laboratoire de psycho-physiologie
de l'Université de Bruxelles.

Docteur ès sciences,
Chargée de Cours à l'Université de Genève.

---



## PARIS

### FÉLIX ALCAN, ÉDITEUR

LIBRAIRIES FÉLIX ALCAN ET GUILLAUMIN RÉUNIES

108, BOULEVARD SAINT-GERMAIN, 108

—

**1909**

# PSYCHO-PHYSIOLOGIE DE LA DOULEUR

## DÉFINITIONS ET APHORISMES

Gerdy, dans sa *Pathologie générale*, renonce à définir la douleur, « parce qu'il n'est personne qui ne connaisse la douleur par expérience ».

Gaubius considérait la douleur comme une perception « que l'âme aimerait mieux ne pas éprouver qu'éprouver ».

Le *Compendium de Médecine* fait de la douleur « une sensation désagréable et pénible, perçue par le cerveau et transmise par les cordons nerveux à l'extrémité ou sur les troncs desquels s'est exercé un modificateur direct, actuel ou commémoratif, de nature d'ailleurs variable ».

La douleur est la sensation du mal physique (Lussana).

« La douleur est un changement de la sensibilité qui répugne à celui qui l'éprouve » (Mantegazza).

« La douleur, dit Dieulafoy, est la perception d'une sensation pénible, dont la cause, la nature et les degrés sont variables à l'infini. »

« La douleur est toute sensation pénible perçue par les centres nerveux, mais variée dans ses modalités, ses effets et ses causes » (Eloy).

Ch. Richet définit la douleur « une sensation telle qu'on désire ne pas l'éprouver de nouveau ».

*Ce sentiment de douleur était nécessaire pour nous avertir et nous consoler* (J.-J. ROUSSEAU).

*L'homme est bien plus fortement organisé pour la douleur que pour le plaisir* (BRILLAT-SAVARIN).

*La douleur abat à la fin et rend l'âme paresseuse* (BOSSUET).

*La douleur est la compagne nécessaire de tout excès* (HELVÉTIUS).

*La vie est un cercle de douleurs* (VOLTAIRE).

*Tel est le malheur de la condition humaine, que la douleur en est le sentiment le plus vif* (D'ALEMBERT).

*L'homme qui ne connaîtrait pas la douleur ne connaîtrait ni l'attendrissement de l'humanité, ni la douceur de la commisération* (J.-J. ROUSSEAU).

*L'homme va toujours de douleur en douleur* (CHATEAUBRIAND).

*La douleur est l'un des principaux stimulants de la vie* (MAX SIMON).

*Le désœuvrement ajoute à toutes les douleurs comme à tous les vices* (MME DE RÉMUSAT).

*La douleur n'embellit que le cœur de la femme* (G. SAND).

*Ici-bas la douleur à la douleur s'enchaîne.*

LAMARTINE.

*L'homme peut haïr l'homme et fuir, mais malgré lui*
*Sa douleur tend la main à la douleur d'autrui.*

A. DE MUSSET.

*La douleur physique a sur la douleur morale un ascendant dont le sage est honteux* (MME DE SALM).

*Le remords est la seule douleur de l'âme que le temps et la réflexion n'adoucissent pas* (MME DE STAEL).

*Les joies nouvelles ne rendent point le printemps aux anciennes joies; mais les douleurs récentes font reverdir les vieilles douleurs* (CHATEAUBRIAND).

*La douleur ennoblit les personnes les plus vulgaires* (BALZAC).

*Il est des douleurs qui tuent; il en est de plus cruelles qui nous laissent la vie, sans jamais nous permettre d'en jouir* (MME C. FÉE).

*Moi, la douleur m'éprouve, et mes chants viennent d'elle.*

V. HUGO.

*Rien ne nous rend si grand qu'une grande douleur.*

A. DE MUSSET.

*Il est des moments dans la vie où l'on souhaite avec ardeur les fortes commotions pour se tirer des petites douleurs* (A. DE VIGNY).

*.............................L'homme dans sa misère,*
*Orgueilleux d'un tourment pour lui seul inventé,*
*Jusque dans la douleur cherche la nouveauté.*

MME E. DE GIRARDIN.

*.... Lorsque nous avons quelque ennui dans le cœur,*
*Nous nous imaginons, pauvres fous que nous sommes,*
*Que personne avant nous n'a senti la douleur.*

A. DE MUSSET.

*Souffre et abstiens-toi.*

*Douleur, tu n'es pas un mal !*

MAXIMES DES STOÏCIENS.

*Ce qui fait la conscience de l'homme c'est la douleur.*

GOETHE.

# CHAPITRE PREMIER

## LA DOULEUR PHYSIQUE ET LA DOULEUR MORALE

Phase métaphysique, phase physiologique et phase psycho-physiologique. de l'histoire de la douleur. — Analogies entre la douleur physique et la douleur morale (Beaunis). — Opinion de Ribot. — Classification des douleurs, d'après Mantegazza. — Doctrine de Léon Dumont. — Opinion de Bain, de Lange, expériences de G. Dumas. — La douleur-sentiment et la douleur-sensation. — Conception moderne du sens de la douleur.

Au dix-huitième siècle on confondait les manifestations de la douleur physique avec celles de la douleur morale. Ce fut la *phase métaphysique* de l'histoire de la douleur.

Les anatomistes et les physiologistes se sont alors emparés de la question en recherchant le mécanisme des sensations douloureuses et leurs voies de transmission. En mettant hors de cause la douleur morale, Georget, avec les médecins de la fin du dix-huitième et du commencement du dix-neuvième siècle, réservèrent ce nom aux impressions senties sur les extrémités et sur le tronc des nerfs. La douleur morale fut considérée comme un phénomène passionnel, que les philosophes étudient sous le nom de tristesse, de chagrin, de peine.

La question entra dans sa *phase physiologique*. Pour les uns la douleur n'était qu'une modalité de la sensibilité générale, pour les autres elle était un sens spécial. Mais on tombait d'accord sur sa provenance sensorielle, nécessitant des études physiologiques.

On peut aussi considérer à la douleur une *phase clinique*, qui date depuis le moment où les médecins neurologistes d'une part et les chirurgiens de l'autre se sont mis à observer au lit du malade les différentes manifestations de la douleur, ses dissociations, ses perversions, son abolition et ses formes pathologiques.

Mais la phase toute moderne de l'histoire de la douleur peut, à juste titre nous semble-t-il, prendre le nom de *psycho-physiologique*. Les anciens physiologistes avaient en effet perdu de vue que l'essence de la douleur est un phénomène subjectif, un fait de conscience. Il y a donc dans la douleur deux phénomènes à étudier : un *fait anatomo-physiologique*, qui se rapporte aux conditions de production de la douleur et de sa transmission, et un *fait psychologique*, qui a trait au phénomène de conscience que nous appelons douleur.

Ce n'est pas une des moins belles conquêtes de la psycho-physiologie moderne que d'avoir élucidé définitivement ces questions encore naguère si controversées. La découverte des nerfs dolorifères a été ce puissant essor qui a bouleversé toutes les opinions courantes en montrant les phénomènes de la douleur sous leur véritable jour. Elle a permis l'interprétation d'un grand nombre de faits se rapportant de près ou de loin à la douleur.

Dans la phase psycho-physiologique de l'histoire de la douleur nous voyons réapparaître l'analogie entre la douleur physique et la douleur morale. Mais ce n'est plus l'ancienne confusion qui proclamait l'identité complète. Comme nous allons le voir, des physiologistes et des psychologues de la valeur de Beaunis, Mantegazza, Ribot, sont allés beaucoup trop loin dans leur identification de la douleur physique et de la douleur morale. Il ne pouvait en être autrement avant la découverte des nerfs affectés spécialement à la douleur.

Avant d'exposer le nouveau point de vue et les modifications qu'il doit nécessairement introduire dans nos conceptions, faisons connaître quelques opinions sur les analogies entre la douleur physique et la douleur morale.

*.*

La douleur physique et la douleur morale ont entre elles de nombreux points de contact, dit Beaunis, et elles présentent des analogies telles qu'en réalité les deux catégories de douleur ne sont que les deux branches d'un même tronc, les deux espèces d'un même genre.

Quelques faits suffiront pour cette démonstration.

Si nous nous piquons par mégarde avec une aiguille par exemple, nous ressentons presque instantanément une douleur vive, brève, qui disparaît rapidement ; mais, malgré cette disparition brusque, nous pouvons reconnaître facilement qu'à la douleur de la piqûre proprement dite s'ajoute un état particulier bien distinct de la sensation physique ; état mental caractérisé par un peu d'ennui et d'impatience ; cet état peut être assez marqué et se manifester chez certaines personnes par un mouvement de colère, autrement dit par un phénomène mental évidemment désagréable et pénible ; il y a donc, à la suite de cette simple piqûre, deux états distincts, un état somatique, sensation de douleur physique, et un état mental, sensation de douleur morale ; les deux états peuvent même avoir, suivant les cas, des manifestations musculaires différentes ; à la sensation physique correspond le mouvement brusque, machinal, qui nous fait retirer vivement le doigt ; à la sensation de douleur morale correspond le mouvement de colère qui se manifestera chez l'un par un coup de poing sur la table, chez l'autre par un juron, bref par une expression musculaire variable suivant l'individu.

Supposons maintenant, au lieu d'une simple piqûre d'aiguille, une névralgie qui dure un certain temps, on verra peu à peu, à mesure que les douleurs augmentent de durée et d'intensité, s'ajouter à la douleur physique un état mental pénible, désagréable, qu'on ne peut caractériser autrement que du nom de douleur morale, et qui pourra se présenter sous une forme différente suivant les différents sujets. Chez les uns ce sera de l'humeur, de l'impatience, de l'excitation, de l'énervement ; chez d'autres de la colère, chez d'autres encore du chagrin et de la prostration morale. En résumé, dans toute douleur physique, même la plus légère, il entre un élément mental particulier, élément qui constitue une douleur morale et qui est l'accompagnement et le concomitant obligé de toute douleur physique.

Si on prend des douleurs physiques plus intenses, plus persistantes, la démonstration n'en est que plus facile. Tout le monde sait quelle influence désastreuse peuvent avoir sur le caractère, sur le moral, sur l'intelligence, les souffrances physiques prolongées, à quel découragement, à quel désespoir elles peuvent conduire et quelles douleurs morales suppose le suicide qui en est fréquemment la conséquence.

Prenons maintenant un autre terme de la série et choisissons un des exemples de douleur morale le plus éloigné de la douleur physique. Supposons qu'une affaire sur laquelle nous comptions n'ait pas réussi. La contrariété morale que nous éprouvons s'accompagne toujours d'un peu de malaise physique; il y a un peu de serrement épigastrique, de la perte d'appétit, du mal de tête, de l'insomnie. Au lieu d'une simple contrariété, que ce soit quelque chose de plus grave, la perte d'une partie de notre fortune par exemple ou la mort d'une personne amie, les douleurs physiques s'exagèrent, la gorge se serre, l'angoisse épigastrique est plus forte, et des réactions douloureuses de nature diverse suivant les sujets, mais surtout de nature viscérale, accompagnent l'état de souffrance morale. Enfin, les douleurs morales encore plus intenses sont bien plus graves et leurs manifestations physiques peuvent atteindre tout le système nerveux. Les douleurs physiques et les douleurs morales se confondent dans un inextricable chaos, s'aggravant et s'exaspérant l'une par l'autre.

Il y a donc dans toute douleur physique un élément moral, dans toute douleur morale un élément physique, et ces deux espèces de douleurs ne se distinguent l'une de l'autre que par la prédominance d'un des deux éléments sur l'autre. Il en résulte, dit Beaunis, qu'il n'y a pas lieu de différencier ces deux espèces de douleur, puisque les éléments qui les composent sont les mêmes et s'y trouvent seulement à des doses différentes. Aussi s'explique-t-on facilement comment les deux espèces de douleurs ont les mêmes effets, les mêmes modes d'expression et les mêmes manifestations.

Beaunis ramène la douleur physique, qui a son siège dans les centres nerveux sensitifs, à trois origines ou mieux à trois états de ces centres :

1° L'activité d'un centre nerveux sensitif peut être augmentée outre mesure ; à cette suractivité fonctionnelle exagérée correspond une première forme de douleur, *douleur de fatigue* ;

2° L'activité d'un centre sensitif peut être arrêtée brusquement à un moment donné ; il y a là un phénomène d'arrêt ou d'inhibition, auquel correspond une deuxième forme de douleur, *douleur d'arrêt ou d'inhibition* ;

3° Un centre sensitif peut rester inactif pendant un certain temps , *douleur de besoin* ou *douleur d'inaction*.

Comment maintenant se produit l'*élément moral* de la douleur ?

Les émotions, les perceptions, les idées concrètes et abstraites, en un mot toutes les manifestations émotives et intellectuelles ont pour condition l'activité de centres nerveux encéphaliques, qu'on peut appeler centres psychiques. L'activité de ces centres psychiques s'exerce évidemment d'après les mêmes lois fondamentales que celles des autres centres nerveux. Nous devons donc retrouver dans ces centres les trois états que nous avons trouvés dans les centres sensitifs.

Nous avons donc : des douleurs de fatigue, par suractivité fonctionnelle ; des douleurs d'arrêt, par interruption brusque d'activité ; des douleurs d'inaction ou de besoin, par suite d'inactivité prolongée.

En résumé, l'élément moral de la douleur a son origine dans les centres psychiques, et l'état dans lequel ces centres sont placés par la cause directe qui a agi sur eux réagit à son tour sur les autres centres, centres sensitifs, centres moteurs, pour éveiller l'élément physique et les manifestations expressives de la douleur.

Cet élément moral de la douleur peut avoir un point de départ, soit dans les émotions, ce qui est le cas le plus commun, soit dans les centres intellectuels, ce qui est le cas le plus rare. L'amour, sous toutes ses formes, la jalousie, les passions de toutes sortes font bien autrement de victimes que l'idée du devoir, le sentiment du beau ou la recherche de la vérité.

Si, comme on vient de le voir, il n'y a pas, entre la douleur physique et la douleur morale, la différence de nature généralement admise, il ne s'ensuit pas qu'il n'y ait des caractères qui les distinguent l'une de l'autre. Ces caractères sont les suivants :

1° En premier lieu, la cause diffère en général. La cause immédiate de la douleur morale est une émotion, une idée, un souvenir. La cause immédiate de la douleur physique est une altération de l'activité nerveuse par une cause extérieure ou organique ;

2° Dans la douleur physique, l'élément physique

précède l'élément moral ; dans la douleur morale, l'élément moral est primitif et l'élément physique consécutif ; en résumé, l'ordre de succession varie dans les deux catégories de douleurs ;

3° En général, les douleurs morales sont plus persistantes que les douleurs physiques et survivent à la cause qui a produit la douleur. Tous ceux qui ont souffert physiquement savent quelle sensation délicieuse on éprouve quand on cesse tout à coup de souffrir après des heures d'intolérables douleurs. Dans la douleur morale au contraire, il n'en est pas de même ; la cause qui a produit la douleur ne cesse pas si vite ; elle persiste ordinairement ; tout n'est pas fini avec la mort de l'être aimé et avec la première explosion de douleur. Ce qui cause surtout la persistance des douleurs morales, c'est le sentiment de l'*irréparable*, qui est au fond de presque toutes les douleurs.

⁂

Ribot, dans une leçon sur la *Douleur morale*, donnée au Collège de France le 27 décembre 1888, arrive aux mêmes conclusions que Beaunis, à savoir qu'il n'existe pas de séparation entre la douleur physique et la douleur morale et que les deux douleurs ne sont que les deux espèces d'un même genre. (Voir : Beaunis, la Douleur morale, *Revue philosophique*, vol. XXVII, 1889, p. 251-261.) Dans sa *Psychologie des sentiments* (Alcan, 1896, p.46), il dit que « la tristesse est accompagnée des mêmes modifications de l'organisme que la douleur physique ».

Selon Féré (*Pathologie des émotions*, Alcan, 1893),

l'émotion pénible et la sensation douloureuse se traduisent par un même effet physiologique non seulement du côté du cœur, mais aussi du côté des mouvements du thorax et de la tension musculaire.

*<br>* *

Mantegazza donne une classification des douleurs
morales et des douleurs physiques. Il distingue les
douleurs *traumatiques*, c'est-à-dire celles qui peuvent
s'observer chez les hommes parfaitement sains, lorsqu'un corps étranger imprime à vos tissus une quantité excessive de mouvements de manière à en troubler la structure physico-chimique et en altérer les
fonctions ; les douleurs *spontanées*, qui naissent spontanément dans l'une ou l'autre partie de notre corps
par suite de troubles passagers ou permanents de
notre santé ; les douleurs *spécifiques des sens*, qui
sont toutes les sensations désagréables que nous
éprouvons par l'intermédiaire de nos organes sensoriels (tact, goût, odorat, etc., voir p. 167); les douleurs
spécifiques des *énergies centrifuges végétatives*, telles
que les douleurs de la soif, de la faim, de l'amour ;
les douleurs sensuelles *mêlées aux plaisirs ;* les douleurs *du sentiment ;* les douleurs *morales égoïstes*
(amour-propre, amour de la possession, envie); les
douleurs de *la peur ;* les douleurs des *sentiments altruistes ;* les douleurs de *l'ennui ;* les douleurs *intellectuelles.*

Les effets cardiaques, respiratoires, calorifiques de
la douleur sont semblables sous l'influence d'une tristesse ou d'une torture.

Dans une étude sur les *Causes du rire*, publiée en 1862, Léon Dumont a exposé cette doctrine que le plaisir résulte d'une augmentation, et la peine d'une diminution d'énergie. Cette idée était celle de sir William Hamilton, le célèbre philosophe écossais, telle qu'il l'a présentée dans ses *Leçons de métaphysique* (1869).

La sensibilité, disait Dumont, est la capacité d'éprouver du plaisir ou de la peine : une modification de plaisir accompagne tout exercice spontané et libre de nos pouvoirs ; nous éprouvons, au contraire, de la peine toutes les fois que l'énergie d'une de nos facultés est contrainte ou empêchée de s'exercer. Plus l'énergie dépensée est parfaite, plus le plaisir qui l'accompagne est grand ; plus elle est imparfaite, plus elle est pénible. Le mot perfection ne doit être pris ici que dans un sens relatif et même doublement relatif. Une énergie est parfaite : 1° relativement au pouvoir dont elle est l'exercice ; 2° relativement à l'objet extérieur auquel elle se rapporte.

Relativement au pouvoir, l'énergie est parfaite quand elle équivaut à la somme complète de force que ce pouvoir est capable de dépenser spontanément, c'est-à-dire sans contrainte, et n'excède pas cette somme. Elle est imparfaite : 1° quand ce même pouvoir est empêché de produire toute la somme de mouvement dont il est capable ; 2° quand il est contraint d'en produire plus qu'il n'était disposé. La quantité d'énergie est de deux espèces suivant qu'elle s'exerce davantage en intensité ou en durée ; c'est-à-dire, dans le premier cas, à un plus haut degré ; dans le second cas, pendant un temps plus long. Une énergie parfaite est, par conséquent, celle qui est exercée par une faculté ou un organe au degré et pendant le temps qu'ils sont capables de l'exercer sans y être contraints.

Relativement à l'objet, c'est-à-dire à la cause extérieure qui détermine le pouvoir à agir, son énergie est parfaite quand cet objet lui fournit toutes les conditions d'une activité complète et spontanée ; imparfaite, quand cet objet exige de lui une activité trop intense ou trop prolongée, ou quand il l'empêche de réaliser sa tendance à agir.

Bien que cette théorie fut combattue par J.-St. Mill, elle fut adoptée par un grand nombre de philosophes et de psychologues, entre autres Bain (*les Émotions et la Volonté*) et Hodgson. Elle trouve son expression dans la *Théorie des émotions*, de Lange, qui caractérise la tristesse par une constriction générale et primitive des vaisseaux les plus fins, aussi bien dans le cerveau que dans les organes périphériques.

Grâce à l'emploi des instruments perfectionnés (*pneumographe* de Marey, *sphygmomètre à ressort* de Chéron, *pléthysmographe* de Hallion et Comte), G. Dumas (Recherches expérimentales sur la joie et la tristesse, *Revue philosophique*, vol. XCI et vol. XCII, 1896) a pu appuyer la théorie de Lange. Dans la joie, de même, c'est un phénomène vaso-moteur, la dilatation des artérioles périphériques et centrales, qui sera la cause de l'hyperactivité générale. Ce que nous appelons joie, c'est la conscience de la circulation qui s'opère plus facilement dans les centres ner-

veux et dans les muscles. Dumas a fait quelques modifications aux explications un peu simplistes de
Lange, et il a distingué des types divers de tristesse
et de joie, là où il n'en distinguait qu'un seul. Mais
la théorie générale n'est pas atteinte pour cela ; bien
au contraire. « Voulez-vous savoir, disait Bichat, si
une douleur est vraie ou fausse, explorez le pouls »

.*.

Il est facile de nous convaincre, écrit Léon Dumont, que le plaisir et la douleur ne sont pas des
phénomènes *réels*, comme les sensations, les notions,
les perceptions, les conceptions ; qu'ils sont plutôt, à
proprement parler, le passage d'un phénomène à un
autre ; qu'ils correspondent au changement et non à
l'état. Ce ne sont pas, comme le croient beaucoup de
physiologistes, des sensations d'une espèce particulière ; ils se produisent seulement à l'occasion des
sensations, dans certains cas déterminés ; ils n'en
sont que l'accompagnement, le retentissement, et la
même sensation peut, tour à tour, suivant les circonstances, devenir une source de douleur ou de
plaisir.
Si l'on voulait parler avec une exactitude rigoureuse, il faudrait dire que les sentiments ne sont pas
des faits en eux-mêmes, que les sensations seules
sont des faits. A vrai dire, la douleur n'est pas un
fait, le plaisir n'est pas un fait ; mais tel fait est douloureux, tel autre fait est agréable. A cet égard, la
science du plaisir et de la douleur a un caractère essentiellement métaphysique, en ce sens qu'elle n'est
pas une science de faits proprement dits, comme la

physique, la chimie, la physiologie, la sociologie ; mais une science d'un ordre plus général, plus abstrait encore, comme la mécanique rationnelle ou la dynamique, ou comme la mathématique.

La diminution de force est la cause de toutes les souffrances que nous éprouvons dans les cas de lésion, et ces peines sont celles auxquelles on donne le nom de *douleurs*, dans le sens strict du mot. Quand par exemple on nous coupe un membre ou que des brûlures, des écorchures, produisent dans nos tissus des désagrégations accidentelles, l'action que les cellules voisines de la lésion exerçaient immédiatement sur les cellules séparées, ne trouvant plus à s'employer suivant ses procédés ordinaires, est obligée de s'écouler d'une autre manière ; on en retrouve les traces dans ces accidents inflammatoires, ces accès fébriles qui suivent toute blessure, dans les cris, qui sont aussi un moyen de dépenser la force devenue disponible et enfin dàns les mouvements ou les efforts qui ont pour but d'écarter les causes du mal. Ainsi les douleurs que nous ressentons sous l'influence de substances toxiques ou dans le cours d'une maladie, sont généralement les symptômes d'une destruction ou d'une désagrégation d'éléments organiques.

On comprend que l'intensité de la souffrance soit en raison de la rapidité avec laquelle se produit la suppression de réaction ; la douleur est aiguë quand la désorganisation s'accomplit brusquement ; elle devient presque nulle quand la destruction des tissus se fait avec une lenteur suffisante. Dans ce dernier cas, l'organisme a le temps de s'habituer graduellement à la suppression d'énergie, et la force détruite peut être à chaque instant compensée par un supplément d'action emprunté à d'autres organes. Entre le minimum d'un état de plaisir et le minimum d'un état de douleur, il y a une marge d'indifférence assez large pour permettre de légers accroissements ou de petites diminutions de force. Nous ne souffrons ni de l'ouïe qui se perd, ni de la cataracte qui se forme, ni de la force de contraction des muscles qui diminue, ni des concrétions qui se forment lentement au fond de nos organes. Un changement léger, mais brusque, peut nous affecter plus fortement qu'un changement considérable, mais gradué ; une petite piqûre au doigt, un grain de sable dans les reins, nous causent des douleurs aiguës, tandis que nous sommes à peine avertis de la destruction parfois · ·mplète, mais lente, des organes les plus précieux.

Il faut observer cependant que si les altérations lentes ne suffisent pas pour causer une douleur, elles suffisent souvent pour empêcher la gaieté ou du moins ce sentiment vague de bien-être qui accompagne la santé. C'est pourquoi l'on ne retrouve plus dans la vieillesse ce sentiment de force, d'énergie, d'exubérance, cette disposition à la vivacité, qui sont les privilèges de la jeunesse.

Ce que nous venons de dire de la suppression de réaction s'applique à tous les objets extérieurs qui communiquent à nos organes de perception un mouvement assez considérable pour les désorganiser. Les couleurs trop éclatantes, des sons trop bruyants, une chaleur trop vive, augmentent à un tel degré les vibrations de nos fibres nerveuses qu'ils y produisent un commencement de séparation qui est douloureux.

.•.

On s'aperçoit immédiatement que les faits exposés se rapportent à la *douleur-sentiment*.

Nous devons maintenant considérer la *douleur-sensation*. Le fait psychologique de la douleur a en effet deux aspects différents.

La douleur physique est une sensation, puisque par sensation on appelle le phénomène de conscience qui succède directement à l'excitation d'un des organes sensoriels ; mais c'est une sensation qui a quelques caractères particuliers, qui la font distinguer des autres sensations.

Rappelons qu'on reconnaît à chaque sensation trois propriétés : l'*intensité*, la *qualité* et la *tonalité*. L'intensité se rapporte à la force de la sensation. La qualité est la manière différente dont une modification peut arriver dans les organes sensoriels (ainsi la vue donne la sensation des couleurs diverses, la forme, l'étendue des objets visibles, l'ouïe donne les sons avec toutes leurs variétés). La tonalité se rapporte au plaisir ou à la douleur ou à l'état moyen d'indifférence. Une sensation a non seulement une certaine intensité dans une qualité qui lui est propre, mais encore elle peut être agréable ou douloureuse, selon certaines conditions spéciales de l'être sentant, correspondant à la force et à la qualité de la sensation. Cette tonalité de la sensation constitue pour elle une propriété importante, qui a rapport à la conservation de l'être sentant.

La qualité de la sensation en constitue le *caractère perceptif*. La qualité et la tonalité de la sensation deviennent, à leur plus haut degré de développement, deux phénomènes distincts, l'un avec le nom de *per-ception* et l'autre avec celui de *sentiment*, qui comprend l'expression primitive de la douleur, du plaisir ou de l'état d'indifférence, et celle plus haute de l'idéal, du beau, du juste, du bien. La perception a son développement dans les manifestations variées de la connaissance ou de l'intelligence.

La sensation est donc le phénomène primitif, d'où dérivent, par évolution et différenciation, tous les autres phénomènes psychiques plus élevés ; cette sensation, bien qu'elle semble être un fait simple, est en réalité un phénomène complexe qui a une *qualité*, laquelle se développe dans les différentes formes de la perception, et une *tonalité*, qui se développe dans le sentiment. La perceptivité est en relation avec le monde extérieur, facteur externe de la sensation ; le sentiment n'a en apparence aucun rapport avec l'extérieur, et il se manifeste comme un état qui n'est jamais isolé, mais qui est toujours joint à la qualité de la sensation. On peut représenter cette évolution au moyen du schéma suivant emprunté à Sergi :

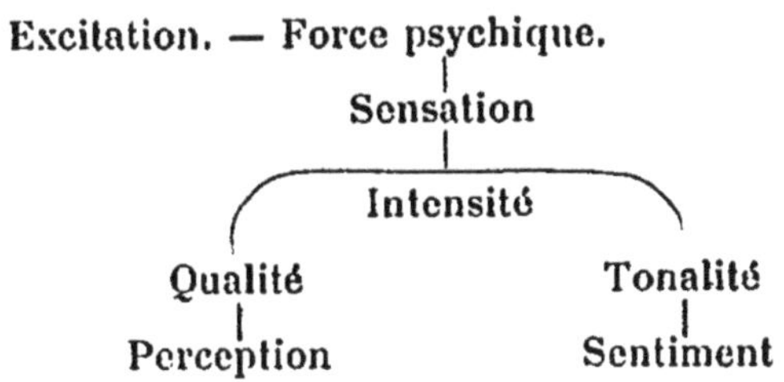


Le sentiment est donc la partie affective de la sensation ; autrement dit, nos sensations ne se limitent pas à nous mettre en rapport avec le monde extérieur, mais elles nous procurent une certaine dose de plaisir ou de peine. La douleur ou le plaisir est lié au phénomène sensation.

La douleur d'origine physique est donc une sensation en même temps qu'un sentiment. Elle fait partie du groupe des *sensations affectives.*

Elle est une sensation par son mode d'origine. On se convainc aisément que la douleur physique a, comme toute sensation, intensité, qualité et tonalité. Mais ce qui la distingue des autres sensations, c'est que sa tonalité ne peut correspondre au plaisir ou à l'état moyen d'indifférence, mais qu'elle est toujours *désagréable* pour l'être sentant. En outre, cette tonalité de la douleur possède une intensité démesurée, en sorte que la douleur, tout en étant une sensation par son mode d'origine, est un sentiment par sa répercussion dans la conscience. Le développement inusité de la partie affective de la sensation-douleur est en fait un véritable sentiment.

En réalité, on n'a envisagé jusqu'à présent que le côté *sentiment* de la douleur. En se plaçant à ce seul point de vue, il est facile de découvrir des analogies frappantes entre la douleur physique et la douleur morale ; ces deux catégories de douleur ne paraissent que les deux branches d'un même tronc. Il y a donc tout intérêt à étudier les manifestations de la douleur physique et de la douleur morale, de comparer les conditions de leur apparition, leurs caractères communs et distinctifs, mais il ne faut pas perdre de vue que toute cette étude ne s'adresse qu'à la douleur-sentiment, et que ce sentiment peut être soit pur, c'est-à-dire n'ayant pas l'excitation des organes des sens comme point de départ (douleurs morales), soit provenant de l'irritation des organes sensoriels (douleurs physiques). L'analogie entre ces deux espèces de douleur peut être poursuivie sur le terrain de la psychologie des sentiments. On oppose alors le plaisir à la douleur.

Mais des études importantes restaient à faire sur la *douleur physique*. Comme nous allons le voir, cette expression est beaucoup trop générale ; elle doit être remplacée par celle de *douleur-sensation*, ou encore mieux par celle de *sens de la douleur*.

A la « douleur physique » appartiennent en effet tous les malaises et toutes les souffrances physiques, qu'il s'agisse d'un besoin, d'un instinct non satisfait, d'angoisses précordiales ou asphyxiques, de brûlures, ou de l'excitation des nerfs olfactifs par une odeur désagréable. De ce chaos de sensations désagréables, qui accompagnent l'excès ou l'insuffisance ou la déviation de nos fonctions, la psycho-physiologie a extrait un certain groupe de sensations bien définies sous le nom de « sens de la douleur ». Les chapitres suivants apporteront la preuve de l'existence d'un sens spécifique, celui de la douleur ayant un appareil nerveux distinct. Seule l'excitation des terminaisons nerveuses affectées à la douleur pourra donner lieu à la sensation spécifique de douleur.

Il faut donc éliminer du cadre du « sens de la douleur » non seulement les douleurs morales, mais aussi les sensations physiques qui sont simplement désagréables. Nous dirons donc : *les sensations douloureuses sont toujours désagréables, mais les sensations désagréables ne sont pas nécessairement douloureuses.*

# CHAPITRE II

## LA DOULEUR AU POINT DE VUE CLINIQUE

Lucas-Championnière. — Hyperalgésie des parties enflammées. —
Expérience de Tarchanoff sur le mésentère enflammé. — Douleurs périphériques et centrales. — Division des tissus au point
de vue de leur sensibilité à la douleur. — Diathèses. — Douleurs
toxiques. — Valeur diagnostique de la douleur. — Douleurs
traumatiques et spontanées. — Formes cliniques. — Les synalgies. — Les névralgies des amputés. — Les paresthésies.

Ce sont les médecins, les physiologistes, les psychologues et les philosophes surtout qui ont écrit sur
la douleur. Les phénomènes de la douleur ainsi que
ceux de l'anesthésie ne sont pas exactement les
mêmes chez les animaux que chez l'homme ; ces
études doivent se corroborer mutuellement. Aussi,
des études des cliniciens, n'allons-nous extraire
que les chapitres qui présentent quelque importance
au point de vue de la physiologie de la douleur.

Lucas-Championnière a consacré une leçon de *clinique chirurgicale* à la douleur. On est étonné, en
parcourant les traités de pathologie générale chirurgicale, de ne trouver rien sur la douleur. Le plus volumineux de tous, celui de Billroth, lui consacre
deux pages d'une « insignifiance remarquable ». Les

traités d'anesthésie se bornent à la constatation de
la douleur et marquent l'effort des auteurs vers la
suppression de la douleur. Mais tous considèrent la
douleur comme uniforme, dépendant d'une commune loi, et le détail de ses manifestations semble
bien peu les préoccuper.

La douleur se produit toutes les fois que l'organisme est menacé d'une façon quelconque. Il s'en
faut pourtant que le caractère de défense et d'avertissement par la douleur soit constant. Dans les traumatismes, elle sera d'autant plus vive que le traumatisme intéressera plus directement le *système
nerveux*.

C'est par un abus d'interprétation, dit Lucas-Championnière, qu'on veut observer la douleur chez les
animaux dont le cerveau est détruit ou séparé des
éléments nerveux des parties irritées. Étudiez avec
nous les malheureux sujets chez lesquels la moelle a
été complètement divisée par un traumatisme. Ce
qui caractérise cette lésion, c'est la mort déjà commencée pour l'organisme, c'est la disparition de
toute douleur pour toute excitation faite au-dessous
de la section. La persistance de certains réflexes
n'avertit plus l'organisme de rien de ce qui le me-
nace. La mort est commencée pour lui.

C'est la persistance des douleurs qui peut au contraire nous donner espoir. Si le sujet a conservé la
douleur, c'est-à-dire la transmission plus ou moins
défectueuse par son axe spinal, la vie peut encore se
montrer. C'est alors que le chirurgien peut intervenir
parce que l'organe qui souffre existe encore. Il
pourra le secourir, le réparer. Sa continuité affirmée
par la douleur lui permettra d'intervenir.

La douleur produit des réflexes. Le plus simple de tous est la contraction musculaire après la fracture. Ces contractions réflexes sont, comme la douleur elle-même, le propre de certaines individualités.

Lucas-Championnière croit à la possibilité de guérir certaines formes d'hystérie, mais à la condition d'observer leur association avec certains phénomènes douloureux.

Comme recommandation essentielle au point de vue chirurgical, il ne faut pas trop prolonger un examen chirurgical.

*La douleur engendre la douleur.* L'exagération d'un examen chirurgical détermine une douleur quelquefois hors de proportion avec la douleur primitive de la maladie pour laquelle le patient consultait. Il faut éviter la douleur dans tout examen chirurgical — conclut Lucas-Championnière. Tout médecin qui fera souffrir un patient n'aura jamais un examen fructueux et bien fait. Toutes les douleurs ont plus ou moins leurs réflexes qui marquent les symptômes qu'on veut observer ; et vous ne verrez rien tant que vous aurez les réflexes contre vous (Lucas-Championnière).

Quelles sont les *causes qui favorisent l'apparition de la douleur?* — Une des causes capitales de l'éréthisme nerveux qui prépare la douleur est l'inflammation. Pourquoi l'inflammation prépare-t-elle et détermine-t-elle la douleur? A cette question Lucas-Championnière préfère ne pas répondre, parce que nous sommes singulièrement mal instruits sur les causes mêmes de l'inflammation. Là même tout est mystérieux. Car, si nous observons bien le développement de la douleur dans les tissus qui sont sensibles à l'état normal, nous voyons aussi la sensibilité à la douleur se développer dans des tissus tout à fait insensibles à l'état normal (tissus fibreux, tendons, cartilages, etc.). Non seulement l'inflammation développe en eux une sensibilité anormale dont nous ne connaissons pas les éléments nerveux, mais elle la développe avec tout le cortège des douleurs éloignées et des douleurs réflexes.

Cette *hyperalgésie* des parties enflammées est très remarquable. Des organes, absolument insensibles à l'état normal, deviennent douloureux quand ils s'enflamment. Flourens reconnaît, avec Haller, l'insensibilité absolue des parties fibreuses non enflammées, dure-mère, périoste et tendons. Puis il les enflamme par application d'une pommade épispastique, et alors il leur trouve une grande sensibilité. « On pouvait piquer à côté l'une de l'autre, dit-il, la portion de la dure-mère enflammée et la portion de la dure-mère à l'état sain ; et, selon que l'on piquait l'une ou l'autre, l'animal criait, souffrait et s'agitait, ou l'animal ne sentait rien. »

Romberg déclare que le tiraillement d'un nerf sain est peu douloureux, tandis que le tiraillement d'un nerf enflammé est atrocement pénible.

Un fait intéressant nous montre bien la différence qu'il y a entre l'excitabilité d'un nerf sain et celle d'un nerf enflammé, en dehors de toute condition psychique. Tarchanoff a montré qu'en excitant le mésentère ou l'intestin d'une grenouille, on n'obtenait pas facilement le réflexe d'arrêt cardiaque signalé par Goltz. Mais si on laisse le péritoine exposé à l'air, en quelques heures il s'enflammera, et les nerfs sensibles seront tellement hyperesthésiés qu'il suffira du plus léger attouchement pour arrêter les mouvements du cœur.

Les médecins et les chirurgiens ont l'occasion de constater très souvent l'hyperesthésie d'organes normalement presque insensibles. Les tissus fibreux deviennent douloureux dans le rhumatisme et dans les tumeurs blanches. Le périoste, qui est dépourvu de sensibilité s'il est intact, provoque des douleurs atroces s'il est enflammé. Les os eux-mêmes deviennent douloureux dans l'inflammation. Il en est de même de l'estomac, des intestins, de la vésicule biliaire, de la vessie.

Il faut admettre dans ces cas ou bien que sous l'influence de l'inflammation il s'est développé dans l'intérieur de ces tissus des éléments nerveux, ou bien que les éléments nerveux peu développés et peu sensibles à l'état normal se sont hyperesthésiés sous l'influence des toxines microbiennes, soit enfin que ces tissus sont en contact avec d'autres tissus pourvus de nerfs auxquels se trar. .mettent les excitations qui ont produit la douleur, ainsi dans une névralgie dentaire par exemple.

Certains malades, dont la peau est anesthésiée, peuvent, si celle-ci subit une altération pathologique, recouvrer la sensibilité.

La *structure des tissus* et leur *innervation* sont encore des éléments qui font varier la sensibilité des divers organes à la douleur. En essayant de localiser l'origine de la douleur, on voit qu'il existe cliniquement des *douleurs périphériques* par irritation des extrémités nerveuses, des douleurs *plexiformes* ayant leur point de départ sur le plexus et les troncs nerveux, et les *douleurs centrales*, relevant d'une irritation intra-cranienne ou intra-rachidienne. Mais il ne faut pas oublier que, quel que soit le point de départ de la douleur, elle paraîtra toujours siéger sur les téguments parce que « si un tissu nerveux est irrité, toutes les parties qui en reçoivent les branches ont le sentiment de l'irritation. L'effet est alors le même que si les ramifications de ce nerf étaient irritées toutes à la fois » (Müller).

La propriété de souffrir existe dans tout le trajet des éléments nerveux, mais c'est l'excitation des extrémités qui est le plus aisément douloureuse. De même que la sensibilité à la douleur peut disparaître dans un élément nerveux, elle peut y être exagérée. L'hyperesthésie caractérise une déviation de la faculté de sentir dans les éléments nerveux. Or ce qui est remarquable, c'est que cette déviation en excès peut dépendre des mêmes causes que la déviation en diminution. Elle peut même alterner avec elle.

Au point de vue de la sensibilité à la douleur on peut grouper les tissus vivants en trois catégories : 1° tissus toujours indolores aussi bien dans l'état de santé que dans l'état morbide ; 2° tissus qui sont doués de la douleur dans l'un comme dans l'autre de ces états ; 3° tissus qui, normalement indolores, deviennent le foyer de douleurs par suite d'altérations pathologiques.

L'épiderme (1), l'épithélium et leurs organes annexes, ongles, poils et dents ; les cartilages et les tendons, ne possèdent pas de nerfs qui leur soient propres. Ce ne sont donc que des agents passifs dans le mécanisme de l'impression douloureuse. Les dou-

(1) L'existence de nerfs intra-épidermiques a été reconnue. Les tendons possèdent aussi des nerfs d'après des expériences récentes.

leurs qu'on leur rapporte appartiennent aux éléments nerveux sous-jacents, tels que le bulbe pour la racine du poil et les houppes nerveuses terminales pour la pulpe dentaire. Les cartilages ne sont jamais douloureux.

La peau, la glande mammaire, les muscles, la moelle des os, sont normalement sensibles aux excitants de la douleur mais à des degrés différents.

La peau et les muqueuses tactiles (organes des sens, bouche, larynx, canal de l'urèthre) sont impressionnées par tous les excitants de la douleur: mécaniques, thermiques, chimiques, etc. Mais certains de ces organes sont surtout sensibles aux excitants mécaniques.

La moelle des os est peu douloureuse à l'état normal ; elle le devient dans l'ostéomyélite. Le tissu cellulaire n'est jamais douloureux.

Normalement les ligaments ne possèdent guère de sensibilité.

Leur brûlure, leur section, ne provoquent pas de sensations pénibles, et cependant leur traction opératoire dans la réduction d'une luxation et leur torsion dans un traumatique fait naître des impressions de douleur. Pour Sappey, ils possèdent des nerfs auxquels cet anatomiste attribue les douleurs vives de l'entorse.

La section du tissu musculaire et sa cautérisation sont relativement peu douloureuses. Par contre, les douleurs des muscles enflammés sont extrêmement vives ; mais ici il faut reconnaître que les terminaisons nerveuses sont atteintes de lésions pathologiques simultanées. Le tissu musculaire du cœur est le siège de phénomènes semblables, bien qu'à l'état normal il soit dépourvu de sensibilité. L'utérus est insensible à l'état inerte, et cependant, durant l'accouchement, ses contractions sont l'origine de vives douleurs. Sa portion cervicale, insensible à la douleur à l'état normal, devient très douloureuse dans la métrite.

Parmi les centres nerveux supérieurs, la moelle allongée et la protubérance annulaire sont sensibles à la douleur. Les pédoncules cérébraux, les tubercules quadrijumeaux, les couches profondes des corps striés, le sont aussi, mais à un moindre degré. Les hémisphères cérébraux, la voûte à trois piliers, les couches optiques, l'écorce des corps striés, le corps calleux, sont dépourvus de la sensibilité à la douleur.

Dans la moelle, les cordons postérieurs, les racines postérieures des nerfs rachidiens, les parties adjacentes aux cordons latéraux, sont doués de la sensibilité douloureuse récurrente ; mais cette sensibilité diminue en allant de la périphérie vers les parties profondes. Brown-Séquard a montré que la substance grise, insensible à la douleur, est cependant esthésodique.

Parmi les tissus qui sont le siège d'impressions douloureuses seulement dans l'état pathologique, les os et les séreuses occupent le premier rang. Dans une amputation, la section de l'os ne provoque pas de douleur. Dans l'ostéite, la moindre pression provoque une augmentation de douleur. Le péritoine non enflammé n'est pas douloureux à l'action des agents extérieurs; est-il enflammé, la moindre pression sur la peau de l'abdomen sera suivie de douleurs très vives. La ponction de la plèvre ne provoque pas de douleurs ; cependant le point de côté de la pleurésie est atrocement douloureux.

Dans l'appréciation de la douleur, on doit tenir compte de ce fait déjà mentionné, que souvent l'impression douloureuse résulte de l'extension de l'excitation douloureuse aux organes voisins, doués de la sensibilité douloureuse.

Il y a encore d'autres facteurs tels que le *sexe*, l'*habitude*, l'*âge*, la *condition sociale*, le *tempérament*, les *prédispositions individuelles*, la *race* (voir p. 154).

Les *saisons* et *l'heure de la journée* ne sont pas sans influence sur l'apparition des manifestations douloureuses. La névralgie solaire est plus fréquente durant l'été.

Les *diathèses*, dont l'influence est le mieux établie sont : le rhumatisme, l'herpétisme, la goutte, la syphilis, le diabète. Les douleurs de la goutte étaient appelées exquises par Trousseau, et la fréquence des névralgies, des viscéralgies dans cette affection est bien connue.

Les douleurs *toxiques* sont celles qui résultent tantôt d'un empoisonnement aigu, tantôt d'une intoxication chronique. On connaît aussi les céphalées consécutives à l'inhalation accidentelle de certaines vapeurs (émanations de sulfure de carbone, etc.). Les empoisonnements chroniques sont très fréquents; on connaît les angines de poitrine tabagiques, les névralgies plombiques et la cardialgie des buveurs de thé. Le mercure produit les mêmes accidents douloureux. Il en est de même de l'intoxication paludéenne aiguë.

Comme élément morbide, la douleur a une part bien différente dans les diverses maladies. Quelquefois elle semble la constituer en entier, tandis que d'autres fois, elle n'y entre que d'une façon secondaire.

La douleur est inévitable dans toutes les maladies qui ont leur siège sur le trajet d'un nerf, comme l'inflammation du névrilemme, les névromes, les névrites. Il en est de même lorsqu'un nerf se trouve au milieu de tissus enflammés, ou qu'il est altéré dans sa structure. Bien qu'il n'existe pas de proportionnalité entre la gravité du mal et le degré de la douleur (l'arrachement d'un ongle est beaucoup plus douloureux que la perte d'un œil), la douleur possède néanmoins une valeur diagnostique de première importance.

Combien de fois la douleur est le seul élément qui attire l'attention du malade et du médecin. D'ailleurs la *forme* de la douleur peut, dans bien des cas, établir le diagnostic. La persistance de la douleur en un point limité fait songer à une lésion profonde et durable, au lieu que les douleurs vagues, mal localisées, sont des symptômes de névrosisme. L'exacerbation nocturne de quelques douleurs est marquée dans la syphilis, dans le rhumatisme, dans la goutte, dans l'infection purulente, dans la phtisie. Les névralgies paludéennes sont franchement intermittentes.

Les douleurs *traumatiques* pourraient s'appeler *physiologiques*, puisqu'elles sont naturelles et inévitables. L'intensité de la douleur dépend non seulement de l'intensité de l'excitation et de sa durée d'application, mais aussi de la *quantité de fibres nerveuses excitées*. Si on plonge le doigt dans de l'eau à 48°, on ne ressent aucune douleur ; si on y plonge la main tout entière, on a une sensation de brûlure.

L'étude des différentes *formes* de la douleur et consécutivement de sa valeur diagnostique, montre qu'il n'est pas exact d'affirmer, comme on l'a dit bien des fois, que la douleur ne nous révèle rien sur la nature de l'agent d'excitation, mais nous révèle seulement une modification de nous-mêmes. Si un instrument tranchant déchire la région du dos et le blessé n'a pu se rendre compte ni de l'agent vulnérant, ni de la nature du traumatisme, c'est parce que la région choisie comme exemple est douée d'une sensibilité très obtuse (le même fait se produit d'ailleurs avec l'esthésiomètre, et il faut un écartement de 60 millimètres entre les deux pointes de l'instrument pour qu'elles soient senties comme distinctes). Fick couvre une région de la peau avec une carte percée d'un petit trou et par cet orifice applique sur la peau des excitants divers, cautère rougi au feu, pointe d'une aiguille acérée ou mors d'une pince. Les impressions perçues ne différaient pas les unes des autres, malgré la variété des excitants mis en usage. Toutes étaient douloureuses. Remarquons que la variété des excitants est très discutable dans cet exemple mal choisi, car pour les douleurs très fortes, la faculté discriminative s'émousse.

Examinons maintenant quelques *formes cliniques de la douleur*. La douleur emprunte ses caractères et sa valeur diagnostique à son siège, à la nature de l'agent provocateur, à la sensibilité du malade, etc. Voici quelques modalités de la douleur.

Les *douleurs erratiques* et mobiles, les plus fréquentes dans le rhumatisme et l'arthritisme ; elles ont donc une importance diagnostique dans la séméiologie de ces affections. Elles sont particulières aux dyscrasies (scorbut et syphilis). Dans la *neurasthénie*, il existe des douleurs provoquées par les plus légères irritations mécaniques. Dans la *migraine* la douleur est continue.

Les douleurs *pulsatives* ou *inflammatoires* révèlent l'existence d'un foyer inflammatoire ; elles augmentent par le choc et les mouvements, mais le froid les atténue. La *fixité* des points névralgiques est remarquable.

Ce qui caractérise l'*angine de poitrine*, c'est moins la sensation douloureuse que l'*angoisse;* ce phénomène est pathognomonique.

La douleur *traumatique* dépend de la nature du corps vulnérant, de l'étendue de la blessure et de la sensibilité des parties lésées.

Les douleurs *lancinantes* du cancer ou des névralgies sont toutes autres que les douleurs *fulgurantes* du rhumatisme articulaire aigu ou du tabès ou les douleurs *cuisantes* de l'érysipèle.

On donne le nom de *subjectives* aux douleurs d'origine centrale, assez fréquentes chez certains névropathes. Ce sont des sensations désagréables de pression, de chaleur, de froid, de chatouillement.

Les *synesthésies douloureuses* ou *synalgies* consistent dans des associations de sensations douloureuses rapportées à des points du corps distincts, plus ou moins distants les uns des autres et dont un seul a reçu l'irritation initiale. Dans toute synalgie, il existe d'une part un *point irrité*, siège de l'excitation ; d'autre part, un seul ou plusieurs *points sympathiques* où se manifeste la synalgie. Les synalgies sont fréquentes et possèdent une grande valeur diagnostique.

On peut aussi citer le phénomène de l'*allochirie*, où une excitation douloureuse du pied droit était sentie au pied gauche (ataxiques, paraplégiques), et les *névralgies des amputés*, qui accusent des douleurs dans les orteils du membre inférieur qu'ils ont perdu ; ils extériorisent donc dans un pied qui n'est plus des excitations pathologiques produites sur un point du trajet des nerfs du moignon.

Les *douleurs à distance* sont des sympathies douloureuses d'une autre variété. Elles se manifestent dans un territoire éloigné de celui qui a été excité.

Signalons encore les douleurs *symétriques*, les *analgésies*, les *hyperalgésies*, les *paresthésies* (fourmillements, picotements, engourdissements, cuisson, frisson).

Les formes de la douleur sont très nombreuses et de tout temps on a essayé de les préciser par des mots spéciaux (Archigènes, Sauvages, Bichat).

Hahnemann en distingua 73 et Georget 38.

Renauldin en a décrit douze espèces : la tensive, la gravative, la pulsative, la lancinante, la lacérante, la déchirante, la térébrante, la prurigineuse, la brûlante, la froide, la contondante ou concassante, la corrosive.

Les auteurs du *Compendium* distinguent la douleur *cuisante* (brûlures, application des épispastiques), la *prurigineuse* (maladies cutanées), la *distensive* (phlegmon, abcès), la *lancinante* (cancer), la *pulsative* (suppuration). Ils y ajoutent quelques douleurs spéciales, comme celles des crampes, de l'hémicranie, des amputations, etc.

Les nuances et les variétés de la douleur sont par conséquent innombrables et il ne saurait être question d'uniformité. Il y a, suivant Beaunis, une *qualité* de la douleur comparable à ce qu'est le timbre pour le son. Il est curieux de voir comment, dans cette terminologie de la douleur, tous les peuples ont cherché à rattacher la sensation toute subjective de la douleur à des impressions objectives. Le terme employé dérive, tantôt de la cause qui a déterminé l'impression, comme quand nous parlons de brûlure, de cuisson, tantôt de causes que nous supposons agir d'une façon correspondante à nos impressions, comme dans les douleurs corrosives, tantôt de l'idée plus ou moins juste que nous nous faisons de l'état de nos organes, sentiment de vide, de plénitude, tantôt enfin de comparaisons plus ou moins exactes, fourmillements, sensation de fer chaud, de clou, etc. Quelques termes sont empruntés à la durée même de la douleur, sensation d'étincelles, éclairs, mouches, etc. D'autres ne sont que la constatation pure et simple du fait, comme dyspnée, photophobie, etc. (Beaunis).

Pour la classification des douleurs d'après l'impression particulière qu'elles produisent en nous, voir chapitre suivant.

# CHAPITRE III

## CAUSES ET MODE DE PRODUCTION DE LA DOULEUR

Toute douleur est provoquée par une excitation forte (Ch. Richet).
— Nécessité d'employer les excitants punctiformes. — Deux *seuils*
d'excitation. — Action des anesthésiques, de l'anémie, du froid,
de la circulation.— Sommeil naturel et artificiel. — Universalité
de la douleur. — La douleur est fonction de l'intensité de l'excitation.


La douleur est une sensation, puisque c'est l'état
de conscience qui succède directement à l'excitation
d'un organe des sens. Quel en est l'excitant ?

Un des arguments qu'on a mis en avant en faveur
de la non-spécificité des nerfs dolorifiques, c'est que
la douleur ne paraît pas posséder un excitant spécifique. Tous les excitants peuvent devenir douloureux, quand ils ont atteint une certaine intensité.
Mais pour le moment abstenons-nous de toute interprétation, et étudions avec Ch. Richet les causes
physiologiques de la douleur.

Toute douleur est provoquée par une excitation
forte ou un état anormal de l'organisme (Ch. Richet).
La vie en elle-même, quand il n'y a pas de lésions
ou de troubles organiques, se poursuit sans provoquer aucune douleur. Il est vrai que l'être éprouve

des besoins multiples, tels que la faim, la soif, le besoin de sommeil, le besoin de respirer, mais ces sensations n'ont rien de pénible quand elles trouvent un rapide et facile apaisement.

Au contraire, qu'une excitation forte intervienne, aussitôt la douleur apparaîtra. Cela est vrai pour toutes les sensations.

Prenons l'excitant électrique. Quand les bobines sont très éloignées l'une de l'autre et l'excitation très faible, on perçoit un léger fourmillement qui n'a rien de douloureux. Ce fourmillement, si l'on continue à augmenter l'intensité de l'excitant, finit par devenir assez fort, désagréable même et franchement douloureux.

Prenons l'excitation mécanique des nerfs de la sensibilité. Si on applique sur le dos de la main un poids extrêmement léger, on sentira la sensation de contact. Mais lorsqu'on appliquera 40 kilogrammes, la sensation sera désagréable, et avec plusieurs certaines de kilogrammes elle sera douloureuse.

C'est là la marche générale des phénomènes et on peut dire qu'il y a, pour tous les excitants, trois phases : une phase de non-perception (excitations se trouvant au-dessous du seuil de la perception), une phase de perception sans douleur, et une phase de perception avec douleur.

On retrouve les mêmes lois pour les autres sensations. Ainsi, pour le sens thermique, si nous plongeons la main dans de l'eau à 37°, la sensation sera exempte de douleur, mais avec une élévation de la température la douleur apparaîtra de plus en plus nette. Le même fait se présente pour les températures décroissantes.

Quand l'excitant lumineux est très intense, il produit sur l'œil une impression très désagréable qu'on peut nommer douloureuse. Les sons très stridents et très forts *déchirent le tympan*, suivant l'expression bien connue.

Pour le sens du goût et le sens de l'olfaction, si l'intensité de l'excitant chimique est très forte, la douleur survient. L'acide acétique très dilué a plutôt un goût agréable ; mais déjà une dilution au centième paraît forte, et enfin dilué au dixième, c'est un liquide caustique qui brûle et produit une sensation d'extrême douleur. Pour l'olfaction, on peut prendre l'exemple de l'ammoniaque gazeuse, qui est extrêmement douloureuse quand elle se trouve mélangée à l'air en forte proportion.

La conclusion qui se dégage de cet aperçu est la suivante : *la douleur est produite par une excitation nerveuse forte.* Or, comme l'excitation nerveuse n'est autre sinon un changement dans l'état du nerf, Ch. Richet émet la proposition suivante : *la douleur est produite par toute cause qui modifie profondément l'état du nerf.*

Par exemple, la douleur musculaire qui suit la fatigue exagérée des muscles est due assurément à l'altération, probablement chimique, des muscles par les produits de désassimilation musculaire. La douleur très vive d'un phlegmon est due aux substances toxiques irritantes sécrétées par les microorganismes. L'inflammation d'une région quelconque de l'organisme (arthrites, ostéites, cystites, méningites) est due à la réaction des tissus contre les toxines sécrétées par les microbes.

Ce n'est pas seulement les nerfs de la périphérie

qui sont sensibles à la douleur. Les centres nerveux médullaires ou cérébraux, quand ils sont irrigués par un sang anormal, perdent leur constitution chimique normale et transmettent, au centre de la conscience, des excitations douloureuses.

Et c'est même un des bons arguments qu'on peut invoquer suivant Ch. Richet, pour établir que la douleur est un phénomène central et qu'il n'y a pas de nerfs spéciaux pour la douleur. Nulle partie de l'axe encéphalo-médullaire n'est capable, si elle est excitée, de donner une sensation tactile, mais elle peut provoquer des sensations douloureuses.

La douleur est donc provoquée par une excitation forte. Or l'excitation forte a pour effet la désorganisation du nerf et des tissus ; par conséquent les excitations douloureuses sont les excitations nocives, destructives, désorganisatrices.

Les nerfs, après une excitation trop forte, sont incapables, pendant un temps, d'accomplir leur fonction normale.

Si l'on a eu la rétine éblouie par la vue du soleil, pendant quelque temps, on ne pourra avoir de perceptions visuelles. Si l'on a respiré de l'ammoniaque gazeuse, la muqueuse olfactive sera assez atteinte pour que la perception d'une odeur quelconque soit impossible. Si la langue a été brûlée par une solution concentrée d'acide acétique, aucune saveur ne sera plus sentie. Si la main a été brûlée par l'eau chaude, elle ne pourra plus avoir de sensibilité tactile. Une excitation électrique forte produit de l'anesthésie, si bien que les effets de l'électricité sont employés quelquefois dans l'art dentaire pour produire de l'anesthésie locale. Une plaie, une déchirure de la peau ou des membres entraînent, pendant un temps plus ou moins long, la perte de fonction totale ou partielle de la peau ou des membres.

Cette étude globale de la douleur est des plus exactes. La douleur est produite par une sensation forte. Mais cette sensation forte est recueillie par des nerfs affectés spécialement aux sensations dolorifiques (voir p. 65).

Un excitant quelconque donne des sensations différentes selon sa puissance. Comme le dit fort bien Castex dans sa thèse sur la *Douleur physique*, ce n'est donc pas dans la qualité spécifique des excitations qui la suscitent que doivent être recherchées les conditions de la douleur, mais au contraire, dans quelque propriété commune de ces excitations diverses, qui les rende indifféremment susceptibles d'impressionner les organes dolorifiques.

En réalité, la peau est un assemblage d'organes sensoriels. Si on ne l'a pas reconnu plus tôt, c'est parce que l'excitant cutané avait toujours été porté sur une très large surface. La pointe d'un crayon, le contact avec des instruments métalliques refroidis ou surchauffés, constituent des excitateurs à large surface, qui excitent en même temps plusieurs catégories de nerfs. La distinction n'est devenue possible que depuis l'introduction, dans l'étude de la psychologie de la peau, des *excitateurs punctiformes*.

En agissant sur la peau au moyen d'excitants mécaniques, électriques, chimiques, portés sur une large surface, nous excitons en réalité *deux catégories de nerfs*, suivant l'échelle de l'excitation. Il en est de même pour les excitants thermiques.

Mais le principe même des *excitations fortes* provocatrices de la douleur reste inébranlable. Il existe dans la peau un *seuil d'excitation* situé plus bas, pour les sensations tactiles, et un *second seuil, situé plus haut*, pour la douleur. Mais ces deux sensations sont distinctes anatomiquement.

Tschich s'est élevé contre le principe des excitations fortes. Chacun sait, dit l'auteur russe, que les plus fortes excitations de la vue, du goût, de l'ouïe, de l'odorat, ne causent pas de douleur, mais seulement un « sentiment désagréable ». L'exemple des organes sensoriels est mal choisi, dirons-nous, car ici la divergence d'opinion repose sur une confusion : la douleur sensorielle n'est pas le résultat de l'excitation des nerfs spécifiques par une excitation très forte ; ces nerfs sont indolores et ne peuvent fournir que la sensation spécifique, mélangée suivant les cas, au plaisir ou à la peine ; la douleur dite « sensorielle » provient de l'excitation des nerfs dolorifères contenus dans les membranes sensibles des organes des sens (p. 167). Un autre exemple de Tschich n'est pas mieux choisi. Des cavernes du poumon se creusent insidieusement, dit-il, la douleur n'est donc pas produite par un état anormal de l'organisme. Mais on sait combien obtuse est la sensibilité des viscères, et en particulier du poumon.

La question des « excitations désagréables » étant mise hors de cause, l'opinion de Tschich ne paraît pas différer de celle qui est généralement admise. Elle ne fait que la renforcer.

En effet, d'après l'auteur, la douleur est produite par les excitations chimiques désorganisatrices, *qui transforment le tissu vivant en tissu mort*. Or, c'est là le propre des excitations fortes. D'ailleurs Tschich estime lui-même que, pour la douleur mécanique, le rapport entre la force de l'excitant et l'intensité de la douleur est de toute évidence. Disons que le fait présente la même netteté pour les excitants thermiques. Le côté intéressant de l'aperçu de Tschich est l'importance qu'il attribue aux excitations *chimiques* dans la genèse de la douleur spontanée (névralgies, etc.).

Wundt considère la douleur comme *fonction de l'intensité de l'excitation*. Landois dit que « la douleur est toujours causée par l'excitation exagérée des nerfs sensibles, quelle que soit la nature des excitants ».

Pour qu'une douleur soit sentie, il faut *l'intégrité de l'appareil nerveux* depuis les organes récepteurs des impressions sensitives jusqu'aux centres de perception. Cette intégrité ne doit pas être seulement un fait anatomique, mais aussi un fait fonctionnel. Sous l'influence des *anesthésiques*, de *l'anémie*, du *froid*, on voit la sensibilité à la douleur s'émousser et même disparaître. C'est ainsi que la bande d'Esmarch, employée dans le but de prévenir les hémorragies opératoires, a aussi pour effet de diminuer la sensibilité douloureuse des organes. Par un froid de 20° au-dessous de zéro, sur le champ de bataille d'Eylau, Larrey pratiquait sans douleur les grandes opérations chirurgicales.

Les pulvérisations des liquides très volatils (éther, chloroforme, alcool), en provoquant la réfrigération émoussent de même la sensibilité à la douleur, probablement en anémiant les tissus. L'ischémie produite par les injections d'aconitine détermine aussi l'engourdissement des extrémités nerveuses.

On observe encore de vives douleurs à la suite des *modifications de la composition du sang*, comme par exemple les douleurs qui suivent les grandes hémorragies, les douleurs des chlorotiques, des convalescents, les douleurs des fièvres infectieuses, les douleurs de l'inanition, de sorte que Romberg a pu dire : « La douleur est le cri des nerfs qui réclament un sang plus généreux ». Inversement, l'hyperémie et l'inflammation favorisent au plus haut point l'apparition de la douleur.

Deux conditions essentielles interviennent dans la production de la douleur : l'*intensité de l'excitation*, et l'*excitabilité des éléments nerveux*. Pour ce qui est de l'intensité, nous avons déjà fait remarquer que l'intensité des excitations doit être plus forte que celle qu'elles possèdent habituellement ; autrement dit, le seuil d'excitation des nerfs dolorifères est plus élevé que le seuil pour les sensations tactiles et les sensations thermiques. Quant à l'excitabilité des éléments nerveux, elle intervient puissamment dans la perception de la douleur. Que cette excitabilité augmente, et il pourra arriver que des excitations qui, à l'état ordinaire, sont à peine ressenties ou même pas senties du tout provoquent des douleurs intolérables. C'est ce qui arrive en effet dans certaines maladies. Dans le *sommeil*, l'excitabilité des centres nerveux diminue : la perception des impressions douloureuses est suspendue, mais non supprimée, comme le prouvent les réflexes sensitivo-moteurs consécutifs à l'application d'un excitant de la douleur sur la peau d'un individu endormi. L'analgésie des hypnotisés est de même nature et a permis de pratiquer sans douleur des opérations chirurgicales.

On avait voulu encore ajouter une troisième condition à cette liste, et notamment la *qualité de l'excitation*. « J'ai surtout en vue ici, dit Beaunis, certaines excitations sensorielles ; ainsi certaines odeurs, à quelque degré d'atténuation qu'elles soient, sont d'emblée, je ne dirai pas douloureuses, mais désagréables et répugnantes et il en est de même de certaines saveurs, de certains sons, de certains contacts. »

Comme il est indispensable d'éliminer du cadre des sensations douloureuses les sensations simplement désagréables, la qualité de l'excitant doit disparaître comme un des facteurs de la douleur. Ce qui fait le caractère irréductible de la douleur, dirons-nous, c'est son *universalité*, alors que le côté « désagréable » de certaines excitations sensorielles est tout relatif et personnel. Les goûts peuvent varier à l'infini. Mais chacun redoute la douleur comme le plus grand des maux. Comme le dit justement Beaunis, ces sensations désagréables peuvent se produire même avec des excitants très faibles ; admettre le principe de la qualité de l'excitant dans la genèse de la douleur serait contraire au principe de l'intensité de l'excitant, et justifierait l'opinion de Tschich. Mais en réalité, il n'y a pas de contradiction et l'erreur est éclaircie à la lumière de la loi de l'énergie spécifique. Mettons hors de cause les excitations simplement « désagréables », qui appartiennent à un domaine voisin, et il ne restera que l'*intensité* de l'excitant comme condition essentielle dans la production de la douleur, et nous aurons le droit de dire avec Wundt que *la douleur est fonction de l'intensité de l'excitation.* L'excitabilité des centres nerveux eux-mêmes, à laquelle nous faisions appel, et, en général, l'excitabilité plus ou moins grande de tout le parcours nerveux, y compris celle des extrémités réceptrices, est aussi tributaire de la *loi de l'intensité de l'excitation*, car elle peut suppléer à l'intensité. Ainsi, une augmentation d'excitabilité des éléments nerveux revient à une augmentation de la force de l'excitant, et vice versa. Ces deux valeurs varient dans le même sens.

La loi de l'intensité de l'excitant est donc fondamentale dans la genèse de la douleur. La qualité de l'excitant est perçue, mais elle n'intervient pas dans la production de la douleur et ne peut suppléer à l'intensité. Ainsi, nous nous rendons compte, dans une certaine mesure, si la douleur est thermique ou mécanique, etc., mais pour qu'il y ait douleur, il faut une intensité forte de l'excitant.

# CHAPITRE IV

## ALGOMÉTRIE. — TOPOGRAPHIE DE LA DOULEUR. —<br>ASYMÉTRIE DE LA DOULEUR

Algésimètres. — Leur description. — Sensibilité dolorifique suivant
les régions du corps. — Asymétrie. — Le côté gauche du corps
est plus sensible que le côté droit. (J. Ioteyko et M. Stefanowska).

I. Algométrie. — La douleur peut varier d'intensité et de nature.

Pour ce qui est de l'intensité, on peut classer les
douleurs en légères, graves et très graves. Voici
quelques-unes des plus fortes :

Névralgies de la cinquième paire, odontalgie, tic
douloureux ;

Ischialgie (névralgie sciatique) ;

Cardialgie, entéralgie ;

Coliques néphrétiques ;

Coliques hépatiques ;

Douleurs de l'accouchement ;

Cancer utérin ;

Hyperesthésie spinale ;

Angoisse de la faim, de la soif et de l'asphyxie.

Lombroso crut trouver une méthode scientifique
destinée à mesurer la douleur à l'aide d'un appareil

d'induction de Rhumkorf avec chariot gradué et une
pile de Bunsen de moyenne grandeur. Le point de
l'échelle où se trouvait la bobine, quand le malade
ressentait une véritable douleur, donnait la mesure
de la sensibilité dolorifique. L'excitation électrique
de la peau était produite au moyen de pointes métalliques. Cet appareil portait le nom de *Faradimètre
Edelmann*.

Dès 1868, Mantegazza montra les erreurs de la méthode de Lombroso. Celle-ci ne sert qu'à mesurer la
sensibilité électro-douloureuse dans les diverses régions du corps, mais non la sensibilité à la douleur.
Ajoutez à cela l'immense différence que l'on observe
chez les divers individus pour la tolérance à l'électricité. A ces critiques de Mantegazza, on peut ajouter celles qui résultent d'un dosage défectueux du
courant électrique, et de l'inégale conductibilité de
la peau pour le courant électrique, inégalité due à
l'état d'humidité de la peau et à d'autres circonstances qui n'ont rien à faire avec la sensibilité proprement dite, et on comprend facilement que le nom
d'algomètre est tout à fait impropre. D'ailleurs, le
principe même de la méthode est fautif, l'appareil
servant à évaluer l'endurance au courant électrique
et non le seuil de la sensibilité dolorifique.

Lombroso soumet des individus sains et des aliénés à un courant de quelques minutes; il arrête
quand les individus ne peuvent plus endurer un pa-
reil tourment. Il a employé, pour produire la douleur, le plus puissant des excitants musculaires, et il
a rarement fait passer le courant dans une partie peu
fournie des muscles, suivant la remarque de Mantegazza. Mais quand même il eût pu faire passer le

courant à travers une partie non musculeuse, l'excitation des nerfs par l'électricité devait produire dans les muscles éloignés des mouvements involontaires et irrésistibles. L'action de la douleur électrique sur le cœur, la respiration, etc., ne peut donc en aucune façon être attribuée à la douleur seule.

A l'heure actuelle on donne la préférence aux *algésimètres* (algomètres) *mécaniques*. Sous ce nom, Bjoernstroem, d'Upsala, a décrit un instrument destiné à mesurer l'excitation nécessaire pour faire naître une impression douloureuse. Cet appareil consiste essentiellement en une pince, au moyen de laquelle on comprime un pli de la peau et qui permet de lire sur un cadran, en poids, la pression exercée. Ch. Richet avait pour le même but employé un instrument analogue, dans ses recherches sur la sensibilité. Les résultats de l'appareil de Bjoernstroem ne sont pas toujours constants, car la grandeur du pli cutané et son engagement entre les mors sont variables. De plus, il offre cet inconvénient de ne pouvoir explorer la sensibilité d'un point limité ; on opère toujours sur une assez grande surface.

L'algésimètre de Motchoutkowsky se compose d'une pointe conique dissimulée dans une gaine cylindrique; la base du cylindre étant appuyée sur la région à explorer, on fait sortir la pointe qui s'enfonce dans la peau. La pointe est enfoncée par un ressort et la douleur se trouve mesurée en longueurs de pointe, c'est-à-dire en millimètres.

L'algésimètre de Cattell est surtout employé en Amérique. Il contient, dans une gaine, un ressort qui agit sur une pointe garnie d'un bout de caoutchouc; on appuie progressivement sur la main la pointe de l'instrument jusqu'à ce que la douleur se manifeste. La force de pression dépensée par l'expérimentateur comprime d'autant le ressort, et une graduation permet de la lire. Les résultats s'expriment ici, non plus en longueur de pointe, mais en chiffres de pression qu'il est facile de transformer en poids, en appuyant l'instrument sur le plateau d'une balance.

L'algomètre temporal de Mac Donald est construit de façon à pouvoir être appliqué à la tempe ; il a servi à de nombreuses déterminations, faites aux États-Unis par Mac Donald lui-même et par ses élèves (voir p. 113).

Dans l'algésimètre de Hoesslin la douleur est mesurée en centièmes de millimètre de pénétration d'une pointe dans les tissus. Grâce à cet instrument d'une grande précision et d'une construction simple, il a pu décéler des cas d'hypoalgésie qui passaient inaperçus et éclairer de cette façon le diagnostic au début de certaines affections nerveuses (tabès).

Afin d'éviter l'anémie de la peau, Bechterew avait proposé un nouveau modèle d'algésimètre, dans lequel l'aiguille s'introduit sans exercer de pression sur la peau. Mais Hoesslin considère la pression exercée sur la peau comme négligeable dans l'appréciation de la douleur.

Beaucoup d'autres algésimètres ont été construits, soit sur le modèle de Motchoutkowsky, soit sur le modèle de Cattell, soit en combinant les deux. Citons celui de Buch, de Philippe, de Thunberg, de Hess, de Koulbine, de Griffing, de Chéron.

Une forme très usuelle de l'algésimètre est celle du docteur Chéron. C'est cet instrument qui nous a servi dans nos recherches algésimétriques.

DESCRIPTION ET TECHNIQUE DE L'ALGÉSIMÈTRE DU DOC-
TEUR J. CHÉRON. — Il s'agit de savoir de combien de
millimètres et avec quel poids en pression devra s'enfoncer une pointe de métal dans les tissus pour provoquer la douleur. La pointe est enfermée dans un
tube-gaine et mue par un piston recouvert d'un cylindre divisé en grammes ; aussitôt que l'on exercera
une pression, la gaine portant une fente avec gou_
pille s'élèvera et la pointe pourra s'enfoncer dans la
peau. L'enfoncement de l'aiguille sera indiqué sur
un cadran situé à la partie supérieure de l'instrument,
et dont l'aiguille est solidaire de tous les déplace-
ments du tube-gaine. En même temps, on lira sur le
cylindre la pression qui aura été exercée. Le piston
est divisé de 25 à 550 grammes. Le cadran indiquant
l'enfoncement de la pointe est divisé en 50 parties,
et chaque division correspond à un dixième de millimètre d'enfoncement de la pointe. L'aiguille faisant
le tour du cadran indique que la pointe s'est enfoncée de 5 millimètres.

La technique de cet instrument a été décrite par
nous dans nos *Recherches algésimétriques* (1903).

Voici le dispositif des expériences. L'expérimentateur saisit l'instrument par sa partie moyenne et l'applique bien perpendiculairement à la région explorée.
La première impression est celle de contact et de
froid, mais le sujet est averti qu'il ne doit réagir
qu'à la douleur. L'expérimentateur appuie alors dou-
cement l'instrument et exerce une pression jusqu'au
moment où le contact ayant passé par la sensation du
désagréable, la douleur est apparue nette. Le sujet
prononce alors le mot : assez ! ou : halte ! et l'expérimentateur enlève l'instrument. Il suffit de faire

une lecture sur le cadran qui indique en dixièmes de
millimètre l'enfoncement de la pointe, sans tenir
compte de la pression indiquée sur l'échelle des
poids. Car, outre que cette dernière mesure peut
toujours être renouvelée en connaissant le degré de
l'enfoncement, l'échelle des poids n'est pas aussi
finement graduée que l'échelle des enfoncements ;
le poids s'indique, en effet, de 25 en 25 grammes.

C'est même là le grand inconvénient de l'algésimètre. L'échelle des poids ne peut en réalité être con-
sultée avec profit, puisque cette graduation est très
grossière. Or, pour avoir une mesure exacte de la
sensibilité dolorifique, il faudrait pouvoir la rapporter à des pressions, et connaître exactement le poids
qui correspond à chaque division du cadran. Nous
attirons l'attention des constructeurs sur l'avantage
que présenterait un algésimètre donnant l'échelle des
poids finement graduée.

Le sujet est bien averti qu'il ne s'agit pas d'une
mesure de la résistance à la douleur, mais d'un minimum perceptible de douleur. La sincérité de ses
sensations est indiquée par la régularité des chiffres
obtenus. En général, il faut faire l'éducation des sujets : deux ou trois expériences préliminaires sont
nécessaires. Mais certaines personnes s'analysent fort
bien dès la première expérience, et la régularité des
chiffres qu'elles présentent est surprenante.

La douleur apparaît d'une façon soudaine, elle
semble être une sensation nouvelle et elle succède
au tact. Cette brusque apparition de la douleur permet d'en faire bien l'analyse. Avant l'apparition de
la douleur, le sujet sent le contact, et si la région
n'est pas très sensible et demande une pression as-

sez forte, il sent très bien la pression exercée par la pointe et sa pénétration dans les tissus, mais il ne sent pas encore la douleur. Dès que celle-ci apparaît, l'instrument est enlevé.

Dans ces conditions de l'expérimentation, l'algésimètre est un instrument des plus précis et des plus fidèles. Les indications qu'il fournit sont bien plus précises que celles que donne l'esthésiomètre. Cela tient peut-être en partie à ce que le processus psychique mis en jeu pour les sensations de douleur est plus simple que celui qui est nécessaire pour distinguer deux pointes. Le degré d'attention nécessaire pour accuser une sensation de douleur est bien moindre que celui que nécessite la sensation discriminative de deux pointes. Un degré d'attention moyenne suffit pour la douleur. Aussi les expériences algésimétriques sont-elles beaucoup moins fatigantes pour le sujet et pour l'expérimentateur que les expériences esthésiométriques.

De cette façon, nous sommes amenés à considérer l'examen algésimétrique comme un procédé relativement facile et rapide d'exploration psychologique. Il est destiné à entrer rapidement dans la pratique courante des laboratoires de psychologie expérimentale.

Quand il s'agit de déterminations algésimétriques, il ne saurait être question de la recherche des « points de douleur », si bien étudiés par Goldscheider et par von Frey (voir p. 76). Cette détermination exige, en effet, des pointes d'une extrême finesse. C'est donc la sensibilité à la douleur de la peau prise « en bloc » qu'on étudie avec l'algésimètre. Nous avons dit jusqu'à quel point cette mesure est exacte. Elle suffit peinement pour évaluer la sensibilité dolorifique.

Il ne faut pas aussi négliger l'introspection dans les recherches algésimétriques. A côté des indications algésimétriques, qui servent en quelque sorte à objectiver le sens de la douleur, il faut interroger les sujets sur les sensations perçues. Le seuil de la douleur ne correspond pas toujours à la même douleur. Le seuil de la douleur correspond à une douleur plus forte : 1° chez les personnes en général plus sensibles ; 2° chez la même personne mais pour des régions plus sensibles ; 3° chez la même personne et pour la même région, mais quand, sous l'influence d'une cause psychique ou physiologique, la sensibilité à la douleur est augmentée.

Quand la sensibilité à la douleur est très affinée, la piqûre paraît beaucoup plus aiguë ; elle est comparable à « une piqûre de guêpe », suivant l'expression des sujets, ou bien encore « la pointe paraît beaucoup plus fine ». Quand la sensibilité est assez obtuse, la douleur est peu nette et diffuse, et l'aiguille paraît beaucoup plus grosse.

En expérimentant avec cet instrument sur 50 personnes adultes (étudiants de l'Université de Bruxelles), nous avons reconnu qu'il était possible de les classer en plusieurs groupes suivant l'acuité de leur sensibilité dolorifique. Dans le premier groupe, se rangent, au nombre de 10, les personnes qui ont présenté une sensibilité *fine*, c'est-à-dire au-dessous du chiffre 10 (avant-bras). Dans la deuxième catégorie, nous rangeons 18 personnes qui ont présenté une sensibilité dite *moyenne*, c'est-à-dire entre 10 et 15 divisions de l'algésimètre. Dans la troisième catégorie se placent 11 personnes qui ont présenté une sensibilité *médiocre*, c'est-à-dire entre 15 et 20 divisions. Enfin, à la quatrième catégorie appartiennent 11 personnes à sensibilité *obtuse*, c'est-à-dire entre 20 et 28 divisions.

Le maximum de sensibilité observée a été de 6,9 (même région); le minimum, de 28. Les différences individuelles sont donc assez considérables. Wosskressensky avait déjà fait remarquer que les différences individuelles sont plus fortes pour la sensibilité à la douleur que pour la sensibilité au contact.

II. Topographie dolorifique. — Motchoutkowsky a constaté que les variations du seuil de la douleur oscillent, chez l'homme sain, entre 0mm.15 et 1mm.5. La peau du bassin est la moins sensible à la douleur et la sensibilité croît progressivement de cette région dans la direction ascendante, tête, doigts, et descendante, orteils. Elle est surtout vive dans la peau du front, à la naissance des cheveux et dans les plis cutanés des phalanges; la peau de la plante des pieds et des talons est peu sensible.

Autour des articulations et au voisinage des sutures osseuses, la sensibilité est toujours plus fine. Elle croît sur les faces latérales des doigts ou des orteils, du pouce ou du gros orteil, au petit doigt ou au petit orteil. Le dos du pied est plus sensible que celui de la main. Les points de passage de la peau aux muqueuses sont plus sensibles à la piqûre que les parties cutanées environnantes. Quant aux muqueuses, elles sont moins sensibles à la douleur que la peau.

D'après Hess, sur les membres, le côté de la flexion est ordinairement plus sensible que celui de l'extension.

## TABLEAU DE LA SENSIBILITÉ DOLORIFIQUE

### (D'APRÈS I. IOTEYKO ET M. STEFANOWSKA)

*Le seuil de la douleur est mesuré en dixièmes de millimètre d'enfoncement de la pointe de l'algésimètre de Chéron.*

| RÉGION | Nombre de sujets | Nombre d'expériences | Valeur moyenne du seuil |
|---|---|---|---|
| Tempe . . . . . . . . . | 17 | 59 | 14,4 |
| Avant-bras (face antérieure). | 50 | 400 | 15,1 |
| Pulpe du 4e doigt . . . . | 10 | 40 | 17,7 |
| Dos de la main (3e espace inter-osseux) . . . . . | 9 | 80 | 18,0 |
| Pulpe du médius . . . . | 9 | 30 | 18,4 |

Ces chiffres sont très comparables à ceux de Motchoutkowsky. Le seuil est exprimé par la moyenne du côté droit et du côté gauche. Parmi les cinq régions examinées, la plus sensible est la région temporale. Contrairement à ce qu'on observe pour le tact, la pulpe des doigts n'est pas douée d'une très grande sensibilité à la douleur. Chaque expérience comprenait dix piqûres.

D'après Hoesslin, qui a fait une topographie complète de la sensibilité à la douleur, il n'y a aucun rapport entre la sensibilité dolorifique et la sensibilité tactile d'une région observée de la peau. Les régions les plus sensibles pour le tact peuvent avoir une sensibilité dolorifique très émoussée. Ainsi, la sensibilité dolorifique de la peau de la face interne de la cuisse est beaucoup plus grande que celle des bouts de doigts, et l'inverse a lieu pour le tact. La sensibilité douloureuse du corps entier oscille entre de très larges limites ; chez des individus divers, la différence entre la sensibilité de la même région ne varie pas tant que la sensibilité des différentes régions chez le même individu. Mais la sensibilité de la même région chez le même individu se maintient constante. Hoesslin a trouvé presque les mêmes chiffres que Motchoutkowsky.

Un fait intéressant à noter, c'est que l'épaisseur de la peau ne parait pas jouer un grand rôle dans la sensibilité dolorifique (Motchoutkowsky, Hoesslin, Mac Donald, Ioteyko et Stefanowska). Derrière l'oreille, par exemple, où la peau est fine, les sensations de douleur ne sont libérées que par 0 mm.5, tandis qu'à la naissance des cheveux, au front où la peau est épaisse, 0 mm. 2 suffisent à provoquer cette sensation. Il n'y a pas non plus de rapport direct entre l'épaisseur de la peau, d'une part, et les sensibilités tactiles et douloureuses, de l'autre : Sur la peau épaisse de la plante des pieds, la sensibilité tactile est très délicate ; la sensibilité douloureuse y est, au contraire, obtuse.

On a aussi mesuré la sensibilité douloureuse au moyen des poids. Les expériences de Griffing (algésimètre de Cattell) donnent les chiffres suivants, qui expriment des kilogrammes.

| | | | |
|---|---|---|---|
| Région temporale droite. | 1 | Main droite, face dorsale. | 3,3 |
| Front . . . . . . . . | 1,3 | Cuisse droite . . . . . | 4,3 |
| Abdomen. . . . . . . . | 1,7 | Talon droit. . . . . . | 7,0 |
| Sommet de la tête . . . | 1,8 | Main droite, paume. . . | 7,3 |
| Poitrine, sternum. . . . | 2,4 | | |

III. Asymétrie dolorifique. — On sait qu'il existe une asymétrie s'étendant à presque tous les organes des sens. Le côté droit, chez le droitier, est favorisé non seulement au point de vue de la force musculaire, mais aussi au point de vue de la sensibilité générale et spéciale (sens du toucher, sens muscu-

laire, audition, vision). Chez le gaucher, c'est le côté
gauche qui l'emporte en force et en finesse. Il résulte
des recherches de Van Biervliet, de Gand, que le rapport entre la sensibilité des deux côtés est un nombre
constant : si l'on représente par 10 la sensibilité du
côté le plus développé (toucher, sens musculaire, audition, vision), il faut représenter par 9 la sensibilité
du côté opposé. Cette étude a été faite sur 200 sujets
normaux. Comme les voies sensitives des sens étudiés par Van Biervliet éprouvent une décussation
plus ou moins complète, il en résulte que, chez le
droitier, le cerveau gauche étant plus développé,
commande à des organes plus forts, et tous les organes en rapport avec cet hémisphère bénéficient de
cette supériorité physiologique. Chez le gaucher, le
cerveau droit étant plus développé, tient sous sa dépendance la partie gauche du corps.

Toulouse et Vaschide ont repris cette étude pour
les sensations olfactives. Avec la méthode des solutions titrées de l'eau camphrée, ils ont examiné
l'acuité olfactive chez 64 sujets (adultes, hommes et
femmes, enfants), et ils ont trouvé que l'asymétrie
olfactive est au profit de la narine gauche chez les
droitiers. Cette supériorité esthésique du côté gauche
chez les droitiers n'est pas en désaccord avec la loi
trouvée par Van Biervliet. En effet, les nerfs sensitifs étudiés par Van Biervliet subissent une décussation plus ou moins complète, mais pour l'olfaction
il existe de nombreux faits qui paraissent prouver la
non-décussation des nerfs olfactifs. Les asymétriques
olfactifs droits seraient donc analogues aux gauchers
des autres sens, puisqu'ils sentiraient avec le cerveau droit. En effet, les auteurs ont constaté que les

asymétriques droits pour l'olfaction étaient gauchers ou ambidextres. Une dernière preuve, c'est que la sensibilité olfactive étant au profit de la narine gauche, la sensibilité tactile est au profit de la narine droite.

Les nombreuses recherches entreprises sur l'asymétrie sensorielle ont montré que d'après la prédominance du cerveau gauche ou du cerveau droit, nous avons affaire à deux types essentiellement différents : le droitier moteur, qui est en même temps le droitier vaso-moteur, le droitier sensitif et le droitier psychique ; et le gaucher moteur qui est en même temps le gaucher vaso-moteur, le gaucher sensitif et le gaucher psychique.

Cette distinction, importante au point de vue anthropologique et physiologique, ne l'est pas moins au point de vue psychologique. Elle est essentielle pour les localisations cérébrales. Déjà Romanes avait relevé les conditions anatomiques grâce auxquelles, dans le cerveau, le centre de la parole est situé dans l'hémisphère gauche, et plus rapproché du centre pour les mouvements du membre supérieur droit, d'où il conclut à une connexion fondamentale entre le développement de la parole et le dextrisme. Le geste a précédé la parole, et ils se substituent quelquefois en nous. Nous accompagnons nos paroles par des mouvements du bras droit, et c'est seulement lors d'une grande excitation, quand la parole n'est plus suffisante pour exprimer toute notre pensée, que nous mouvons notre bras gauche (grâce à la diffusion de l'excitation). Ce qui fait corroborer cette opinion, c'est que, chez les gauchers, le centre du langage articulé est situé non dans l'hémisphère gauche, mais dans le pied de la troisième circonvolution frontale à droite.

Van Biervliet estime que même les centres bilatéraux sont situés *fonctionnellement* du côté de l'hémisphère le plus développé, car d'habitude nous ne nous servons que d'un œil, que d'une oreille, etc. Une image visuelle sera plus nette quand elle sera entrée par le nerf optique le plus affiné ; il y a donc avantage à regarder l'objet avec cet œil.

Vis-à-vis de ces résultats bien établis, nous avons cru intéressant d'entreprendre une étude expérimentale sur la sensibilité dolorifique des deux côtés, espérant de cette façon jeter quelque clarté sur l'existence ou la non-existence d'un centre présumé de la douleur.

Les expériences de von Frey ont montré, il est vrai, l'existence de terminaisons nerveuses affectées spécialement à la douleur. Toutefois, le trajet des nerfs dolorifiques ainsi que leurs terminaisons centrales restent encore inconnues jusqu'ici. Voici le point de départ de nos expériences : Si la douleur cutanée est ressentie par les mêmes centres percepteurs que les sensations tactiles, nous devons nous attendre à trouver pour la douleur une asymétrie analogue à celle qu'on observe pour les sensations de tact. Certains auteurs admettent, en effet, que les mêmes centres peuvent donner, tantôt la perception qui leur est propre, tantôt la sensation douloureuse, et cela suivant la force de l'excitant.

Les mensurations ont été faites au moyen de *l'algésimètre de Chéron* (pour la description voir p. 51), qui indique en dixièmes de millimètre l'enfoncement dans la peau d'une pointe métallique, enfoncement nécessaire pour provoquer le minimum de la douleur.

C'est donc la mesure du seuil. Afin d'éliminer la possibilité de l'influence d'un côté sur l'autre, on ne commençait pas toujours par le même côté (pour la technique générale, voir p. 52).

Pour étudier la sensibilité à la douleur du côté droit et du côté gauche, nous avons toujours choisi deux régions exactement symétriques. Il fallait fixer le choix sur une région facilement accessible, douée d'une sensibilité affinée et non soumise à des frottements. Nous avons commencé par la pulpe des doigts, mais cette région n'est pas douée d'une très grande sensibilité à la douleur, et les indications obtenues n'ont pas une grande précision ; le seuil de la douleur n'y est pas très net, cette région étant principalement affectée au tact. Des résultats plus satisfaisants ont été obtenus avec le dos de la main et la tempe. La région de choix est située à *la face antérieure de l'avant-bras, côté cubital*, au-dessus du poignet. De chaque côté, les expériences portaient sur un petit espace de plusieurs millimètres carrés, en évitant de piquer le même point et en évitant aussi les tendons et les veines. Chaque expérience comprenait dix piqûres du côté droit et dix piqûres du côté gauche. On a fait 400 expériences de chaque côté, soit 8.000 piqûres.

Nous avons expérimenté sur 52 personnes. La grande majorité des sujets étaient étudiants et étudiantes à l'Université de Bruxelles : en outre, plusieurs professeurs et docteurs, ainsi que quelques dames n'appartenant pas à l'Université. On a mesuré aussi la force dynamométrique des sujets pour distinguer les droitiers des gauchers. Ces derniers étaient au nombre de 14 (nombre considérable dû à un triage des sujets).

Le résultat général est le suivant : deux personnes se sont montrées presque insensibles à la douleur mesurée à l'algésimètre. Il reste par conséquent 50 personnes sensibles dont :

1° Trois personnes plus sensibles à droite ; mais en réalité on ne peut l'affirmer que pour une personne, car les deux autres n'ont pas été suffisamment étudiées ;

2° Quarante-sept personnes *plus sensibles à gauche*, aussi bien les droitiers que les gauchers.

La sensibilité à la douleur de la région étudiée (avant-bras) est représentée chez ces 47 personnes par une moyenne qui correspond à 16,0 pour la main droite et à 14,2 pour la main gauche, c'est-à-dire qu'il faut un enfoncement de 16,0 dixièmes de millimètre pour éveiller le seuil de la douleur à droite, et un enfoncement moindre de 14,2 dixièmes de millimètre seulement, pour éveiller la douleur dans l'avant-bras gauche.

Or, il se trouve que le rapport de 16,2 à 14,2 est environ de 10 à 9.

De là cet énoncé : *Si l'on représente par* 10 *la sensibilité à la douleur du côté gauche, le plus sensible, il faut représenter par* 9 *la sensibilité à la douleur du côté droit, le moins sensible* (1).

Ce rapport est le même que Van Biervliet trouva pour la sensibilité musculaire, auditive, visuelle et

(1) Récemment, l'une de nous trouva les mêmes faits en expérimentant sur 70 élèves (garçons et filles) des écoles normales. (*Revue psychologique*, vol. I, fasc. 1, Bruxelles, 1908.)

tactile ; mais tandis que pour toutes les sensibilités le rapport chez les gauchers est renversé, nous n'avons pas ce renversement pour la douleur. Pour la sensibilité dolorifique, les droitiers aussi bien que les gauchers sont plus sensibles à gauche, ce qu'on pourrait exprimer en disant que pour la douleur nous sommes tous gauchers.

Le nombre des gauchers a été suffisamment grand pour affirmer qu'ils sont aussi soumis aux mêmes lois.

On peut aussi se demander, si, en expérimentant sur d'autres régions, on trouvera une sensibilité à la douleur plus grande à gauche. Pour les autres régions, à cause même des conditions moins favorables d'expérimentation, on n'obtient pas une régularité des chiffres aussi grande. Et pourtant dans ses grandes lignes, le rapport reste le même.

Il existe aussi une autre raison qui permet d'affirmer que, chez presque tous les sujets, la sensibilité à la douleur est bien plus accentuée à gauche qu'à droite : c'est la *qualité* de la douleur. Dès qu'une région est plus sensible qu'une autre, non seulement le seuil paraît beaucoup plus douloureux, mais l'aiguille paraît plus fine. Il est rare que le sujet interrogé sur le point de savoir de quel côté la douleur lui a paru plus vive, ne réponde que c'est du côté gauche. En examinant les sujets, même de loin, après l'expérience faite de chaque côté, on acquiert la même conviction : les sensations consécutives (picotements, chatouillements), étant plus fortes du côté le plus sensible, le sujet est en train de frotter, de masser activement la région endolorie. Or, c'est toujours le côté gauche qui est le siège de cette manœuvre.

D'ailleurs, les chiffres obtenus du côté gauche sont non seulement moins élevés, mais aussi *plus réguliers* que ceux obtenus du côté droit, et c'est là aussi un signe de la sensibilité plus affinée.

L'asymétrie dolorifique, avec prédominance constante du côté gauche chez les droitiers et les gauchers, plaide puissamment en faveur d'un centre spécial de la douleur. Les centres de la douleur ne sont pas les mêmes que les centres percepteurs pour les autres sensations (voir p. 101).

Des observations sur l'asymétrie dolorifique n'avaient pas échappé aux auteurs américains, bien qu'ils ne se fussent pas placés au point de vue des lois de l'asymétrie sensorielle. Ainsi, Mac Donald (1894), dans ses recherches sur la mesure de la douleur, suivant les différentes classes de la société, les sexes et la nationalité, avait observé que la majorité des individus est plus sensible à la douleur de la main gauche que de la main droite. En 1899 Miss Carman, dans ses expériences algésimétriques faites sur les enfants des écoles au moyen de l'algomètre de Mac Donald, observa le même fait pour la tempe gauche, et Swift le confirma en 1900. Ces auteurs ne disent pas s'ils avaient à affaire à des droitiers ou à des gauchers, leurs observations viennent néanmoins confirmer nos résultats.

# CHAPITRE V

## ORGANES PÉRIPHÉRIQUES DE LA DOULEUR

Le principe de l'énergie spécifique des organes sensoriels appliqué à l'étude des sens cutanés. — Points pour le chaud et points pour le froid. — Magnus Blix. — Goldscheider. — Points de pression. — Points de douleurs. — Expériences de Goldscheider, de M. von Frey. — Excitants capillaires. — Échelle de la sensibilité. — Cornée. — Conjonctive. — Localisation histologique des quatre sens cutanés. — Expériences de Alrutz, Thunberg, Kiesow.

Combien de sens avons-nous? Quel est le domaine d'un sens déterminé? Ces questions sont rarement agitées, et pourtant il est clair qu'avant d'entreprendre des évaluations quantitatives sur l'excitabilité des différents sens, il faudrait se faire une idée bien nette sur le domaine appartenant à chaque sens. D'habitude on accepte l'ancienne division en cinq sens, sans se préoccuper que les notions sur la vision, l'audition, l'odorat, la gustation et le toucher, ont été formées dans l'antiquité et qu'elles ne correspondent plus à rien de réel. Les organes sensoriels paraissaient bien délimités tant que nos connaissances n'étaient pas très étendues. Mais les recherches modernes ont rendu le sujet beaucoup plus compliqué. Ainsi, par exemple, les sensations du toucher ne sont pas particulières à la surface cutanée de notre corps ; elles peuvent provenir encore des muqueuses de l'organe olfactif, de l'organe gustatif, etc. Le sens de l'orientation a pour siège l'oreille interne. La douleur peut être perçue par l'œil et par l'oreille.

Il n'existe, d'autre part, aucune preuve anatomique ou histologique permettant de faire une délimitation exacte des divers organes sensoriels. Il est clair que ce ne peut être que d'ordre physiologique, c'est-à-dire *fonctionnel*.

Pour la théorie des nerfs spécialement affectés à la douleur, on peut faire valoir *le principe de l'énergie spécifique des organes des sens*, introduit en physiologie par Johannes Müller. Chaque catégorie de nerfs sensibles ne peut donner qu'une espèce de sensation, quel que soit l'agent qui a provoqué l'excitation du nerf. La nature de la sensation dépend donc de la nature, de l'énergie spécifique du nerf considéré ( ou plutôt de l'organe central auquel il aboutit). Par conséquent, si un même organe peut nous donner plusieurs genres de sensations différentes, nous devons admettre dans cet organe autant de catégories de terminaisons sensibles qu'il y a de genres de sensation. Ainsi, si la lumière solaire tombant sur notre œil devient douloureuse dans certains cas, c'est apparemment qu'elle agit encore sur d'autres nerfs que ceux de la rétine, car l'expérience a prouvé que l'excitation la plus intense du nerf optique (sa section) produit une sensation de vive lumière, mais n'est pas douloureuse. Dans la production de sensations lumineuses colorées, nous devons admettre autant de catégories de fibres sensitives que nous admettons de sensations colorées élémentaires (fibres du rouge, du vert, du violet, dans la théorie de Yung-Helmholtz). De même si un son trop intense nous blesse, c'est qu'il agit sur d'autres nerfs que le nerf acoustique.

On applique le même principe pour les sensations du goût et de l'odorat. Les sensations de goût s'expliquent en admettant dans la langue quatre ordres de terminaisons nerveuses, donnant respectivement les sensations de sucré, d'amer, de salé et d'acide, à côté des terminaisons tactiles proprement dites. Certains points de la langue sont particulièrement sensibles au contact de ces substances. Jamais l'excitation de ces points ne peut devenir douloureuse. Le même raisonnement peut être appliqué pour le sens de l'olfaction. La sensation douloureuse produite par les vapeurs d'ammoniaque doit avoir pour raison l'excitation d'autres terminaisons nerveuses, celles du trijumeau, par exemple.

Reste la peau. Ici, dit très justement Frédéricq, par une conséquence vraiment singulière, un certain nombre de physiologistes abandonnent le principe de l'énergie spécifique. Ils admettent qu'une excitation suffisamment forte, soit des nerfs de la pression, soit des nerfs du chaud ou de ceux du froid, peut devenir douloureuse, c'est-à-dire donner naissance à une nouvelle catégorie de sensations. Blix, Goldscheider ont démontré qu'il y a dans la peau, pour le sens thermique, deux appareils nerveux entièrement distincts : les nerfs du chaud et les nerfs du froid. Blix a montré que certains points de la peau nous donnent exclusivement des sensations de chaud, d'autres de froid, d'autres enfin des sensations de pression ou de contact, quelle que soit la nature de l'excitant employé.

Il faut donc admettre dans les nerfs de la peau une quatrième catégorie de terminaisons nerveuses affectées aux sensations de douleur. Un froid intense, une température élevée, une pression excessive nous causent de la douleur, non parce qu'ils excitent fortement les nerfs de la sensibilité tactile, mais parce qu'ils excitent les nerfs spéciaux affectés aux sensations douloureuses. Ces nerfs de la douleur ont ceci de particulier, qu'ils ne répondent qu'à des excitations fortes.

On a objecté que le principe de l'énergie spécifique des nerfs n'est pas inébranlable. Or, les recherches modernes sur les sens cutanés ont non seulement montré la validité du principe, mais elles constituent un des chapitres les plus éclatants et les mieux établis de la psychologie physiologique. En réalité, la peau est un assemblage d'organes sensoriels. Si on ne l'a pas reconnu plus tôt, c'est parce que l'excitant cutané avait toujours été porté sur une très large surface. La pointe d'un crayon, le contact avec des instruments métalliques refroidis ou surchauffés, constituent des excitateurs à large surface, qui excitent en même temps plusieurs catégories de nerfs. La distinction n'est devenue possible que depuis l'introduction, dans la psychologie de la peau, des *excitateurs punctiformes*.

La loi de l'énergie spécifique des nerfs sensoriels, trouvée par Johannes Müller et exprimée par Helmholtz, d'après laquelle chaque catégorie de filets nerveux ne peut nous renseigner que sur une seule qualité de la sensation, trouvait quelque difficulté dans son application, notamment en ce qui concerne l'organe olfactif et la peau.

Avant tout se posait la question de savoir si la perception de la douleur appartient au même appareil nerveux que le contact et la pression. Quelques faits, tels que l'analgésie qu'on obtient dans certaines circonstances, de même que le fait que certains organes du corps sont sensibles à la douleur et non à la pression, paraissaient plaider déjà anciennement pour la séparation complète des deux appareils nerveux. D'autre part, il était difficile d'admettre l'existence de nerfs qui ne se révélaient que lors de circonstances pathologiques. En outre, on sait que chaque région de la peau sensible à la pression est aussi sensible à la douleur et celle-ci ne semble différer de la pression que par une différence de degré. En se basant sur les expériences de Schiff, qui consistaient à sectionner la substance grise de la moelle (voir p. 90) on avait acquis la conviction que les voies périphériques pour les deux qualités de la sensation étaient les mêmes, mais que la séparation se produisait dans la moelle. Si on admet un sens spécial pour la douleur, ne faut-il pas aussi admettre un sens spécial pour le chatouillement et un sens spécial pour la température ? E. H. Weber admettait un seul appareil nerveux pour la pression et la température, et pourtant il avait reconnu que la topographie de ces deux sensations n'était pas la même. Avec le temps, grâce surtout à l'observation de certains cas où le sens thermique avait disparu, on avait admis l'existence de nerfs affectés spécialement aux sensations thermiques. Mais même dans ce cas, les deux qualités de la sensation, le chaud et le froid, restaient inexpliquées.

Tout ce chapitre de la psychologie expérimentale a été étudié à fond dans ces derniers temps, et c'est surtout à Goldscheider et à von Frey qu'on doit les travaux les plus importants et les plus décisifs à cet égard. La psychologie de la peau est actuellement bien élucidée.

Points pour le chaud et points pour le froid. — C'est Magnus Blix qui, en excitant pour la première fois la peau avec un excitant punctiforme, s'aperçut que seuls certains points de la peau sont aptes à ressentir la température, et que même les points pour le chaud devaient être séparés des points pour le froid. Goldscheider a repris ces expériences en employant un cylindre en cuivre terminé par une pointe arrondie et relié à un crayon ; celui-ci peut être refroidi ou réchauffé. Si on marque les points sensibles par des couleurs différentes, on obtient la topographie des points pour le froid (Kältepunkte) et des points pour le chaud (Wärmepunkte). Ces derniers paraissent distribués avec moins de régularité que les premiers, néanmoins on voit qu'ils se répartissent sous forme de chaînes. Les chaînes s'étendent comme des vagues à partir de certains points déterminés de la peau et suivent un parcours plus ou moins courbe. Les points de la température sont constants anatomiquement ; on retrouve les mêmes points à chaque expérience. Les points chauds sont en général moins fréquents que les points froids. La sensation obtenue par l'excitation d'un point de température n'est pas punctiforme, mais prend la forme d'une goutte ; ceci est surtout exact pour les points chauds. L'excitabilité de ces points n'est pas partout la même, et il faut une force variable d'excitant pour les mettre en évidence.

Une particularité intéressante des points de température, c'est qu'un léger choc avec une épingle ou avec la pointe d'une baguette de bois produit une sensation thermique. Cette expérience montre nettement que les points de la température sont anatomiquement distincts. De même, l'excitation électrique de ces points produit une sensation de température.

En vertu de la loi de l'énergie spécifique, chacun de ces points ne peut fournir que la sensation qui lui est propre. Ainsi Goldscheider a reconnu que les points de la température sont insensibles à la pression et à la douleur ; ils peuvent être percés par une aiguille sans faire éprouver de sensation douloureuse. Cette analgésie s'observe non seulement pour la douleur éveillée par des excitants mécaniques, mais aussi pour la douleur éveillée par le courant électrique et par la chaleur. Les points de la température sont donc insensibles même à la douleur thermique. Ces expériences ont été vérifiées par Alrutz, Max Dessoir, Kiesow. Le courant électrique aussi bien que les excitants chimiques appliqués sur les points de la température, produisent toujours, suivant Alrutz, la sensation spécifique ; les points du froid réagissent par la sensation du froid, les points du chaud par la sensation du chaud. Même si l'on excite un point froid par la chaleur, on a une sensation de froid.

Il résulte de ces expériences que les points de la peau insensibles à la pression et à la chaleur sont occupés par les nerfs spécifiques du froid et par les nerfs spécifiques du chaud. A l'appui de cette conclusion vient encore l'expérience de

Goldscheider, qui est parvenu à obtenir des sensations de température très nettes en électrisant le tronc nerveux, et ceci dans la ·zone de distribution du nerf. Il faut employer pour cela des courants induits très forts et des électrodes pointues.

La théorie de Hering, d'après laquelle il n'existerait qu'un seul appareil nerveux pour le froid et pour le chaud, n'est donc plus reconnue exacte aujourd'hui. Ceci n'a rien de surprenant. En psychologie, le chaud et le froid ont une signification tout à fait opposée. Un corps qui enlève du calorique à notre peau nous paraît froid ; un corps qui nous communique du calorique nous paraît chaud. La détermination topographique du sens thermique a montré à Goldscheider que le sens de la chaleur est partout moins développé que le sens du froid et que l'épaisseur de la peau a une influence sur la sensibilité thermique beaucoup moindre que la richesse en nerfs thermiques de la région donnée.

Les points de température possèdent un « sens du lieu » très affiné. Si on excite deux points simultanément, on distingue chaque point déjà à une distance de un millimètre. Ces distances minimales diffèrent suivant les régions.

Points de pression. — L'existence des points de pression a été reconnue également par Magnus Blix et c'est encore à Goldscheider que nous devons leur détermination exacte. Pour les mettre en évidence on peut se servir d'une aiguille très fine, mais il est préférable d'employer un crayon de liège taillé en pointe. Pour rendre la pression uniforme, on peut fixer le crayon à une plume enroulée en spirale. Les points de pression peuvent aussi être recherchés au moyen de courants d'induction faibles. Ils présentent une répartition analogue à celle des points de température, mais sont beaucoup plus nombreux. Leur excitabilité n'est pas partout la même. Ils sont insensibles à la douleur et à la température.

Ces résultats s'accordent très bien avec les recherches algésimétriques, qui montrent manifestement que la topographie de la sensibilité tactile et de la sensibilité douloureuse n'est pas parallèle.

Nous devons par conséquent à Goldscheider la détermination exacte des trois sens cutanés : 1° la pression ; 2° le froid ; 3° le chaud. Il compara la peau à une vaste mosaïque, parsemée de points, dont les uns ne sont affectés qu'aux sensations de pression (points de pression, *Drückpunkte*), les autres aux sensations de chaud (*Wärmepunkte*), les troisièmes aux sensations de froid (*Kältepunkte*).

POINTS DE DOULEUR. — Reste la douleur. Comme nous venons de le voir, elle n'est perçue ni par les points de pression, ni par les points de température. Goldscheider a remarqué que si on presse la peau fortement avec la tête d'une épingle, après la sensation de contact, on a une deuxième sensation de douleur (phénomène de Goldscheider) et il en conclut à l'existence de points de douleur (*Schmerzpunkte*). Ils peuvent être recherchés soit avec une aiguille fine, soit avec le courant d'induction faible. Ils sont insensibles à la pression et à la température. Le froid et le chaud intenses appliqués à ces points donnent une sensation douloureuse.

Mais Goldscheider n'a pas poussé ses investigations assez loin pour admettre des nerfs spéciaux pour la douleur. Cette détermination est due à Max von Frey qui, dans une série de monographies (1894-1896), a définitivement élucidé la question si controversée des nerfs dolorifiques.

EXCITATEURS CAPILLAIRES DE M. VON FREY. — Pour mener à bien cette étude, il faut que l'excitant soit punctiforme, circonscrit dans son application. L'excitateur de von Frey est constitué par un cheveu. On fixe avec de la cire un cheveu à l'extrémité d'une tige de 8 centimètres de long ; le cheveu dépasse la tige de 3 centimètres. Pour produire le contact, on prend la tige par l'autre extrémité et l'on appuie sur la peau avec la pointe du cheveu jusqu'à ce qu'il se courbe. En choisissant des cheveux de différente longueur et de différente épaisseur (on expérimente aussi avec des poils très durs), on obtient une série d'excitateurs permettant de produire des pressions de valeur très différente.

La valeur de chaque excitateur reste constante ; en effet, si le cheveu est appliqué perpendiculairement à la peau, il exerce une pression qui ne peut dépasser certaines limites ; une augmentation de pression fait courber le cheveu. La valeur de la pression maximum exercée par chaque cheveu est déterminée au moyen de la balance : on exerce l'action du cheveu sur un plateau et on lui oppose des poids sur l'autre plateau. On trouve ainsi le poids correspondant à la pression exercée sur l'autre côté. Pour exercer une pression très légère, on emploie des cheveux très fins et des fils de cocon ; pour des pressions fortes on emploie des poils de porc. La grandeur de la section du cheveu est déterminée au microscope.

La pression doit être rapportée à l'unité de surface, car la sensation provoquée est due à la déformation imprimée à la peau et aux extrémités nerveuses qu'elle contient. Aussi, l'auteur appelle « force » du cheveu la résistance maximale du cheveu entier, et « pression » la force exercée par le cheveu sur l'unité de surface. Cette pression allait de 0 gr. 3 à 300 gr. par millimètre carré, suivant les numéros des excitateurs punctiformes.

EXCITATIONS MINIMALES. — En appliquant ces excitants punctiformes très légèrement sur la peau des différentes régions, von Frey a confirmé les assertions de Blix, à savoir qu'il existe dans la peau des points excitables, et des points inexcitables même sur la plus petite surface ; il a aussi confirmé les résultats de Goldscheider, que les points de pression sont des points fixes de la peau. L'auteur a déterminé l'échelle de la sensibilité des différentes régions. Les différences dépendent de l'épaisseur de la peau et aussi de la richesse en nerfs. Ainsi, le bout des doigts qui a un épiderme bien plus dur que le dos de la main, est pourtant plus sensible à la pression. La localisation de la pression n'est pas exactement la même que celle du sens du lieu de la peau (mesurée à l'esthésiomètre).

*Échelle de la sensibilité des différentes régions (pression).*
*Seuil en gr/mm², d'après M. VON FREY.*

| | | | |
|---|---|---|---|
| Cornée | 0,3 | Partie antérieure du deltoïde | 9 |
| Conjonctive bulbaire | 2,0 | Muqueuse des joues | 12 |
| Langue | 2,0 | Dos de la main | 12 |
| Nez | 2 | Dos du pied | 15 |
| Lèvre | 2,5 | Peau du mollet | 16 |
| Bout des doigts | 3 | Peau du ventre | 26 |
| Front | 3 | Cuisse (côté externe) | 27 |
| Dos des doigts | 5 | Peau au-dessus du mamelon | 27 |
| Bras (côté de la flexion) | 7 | Sur le tibia | 28 |
| Cuisse (côté interne) | 7 | Avant-bras (extension) | 33 |
| Avant-bras (flexion) | 8 | Plante du pied | 250 |
| Mamelon | 8 | | |

La rapidité plus ou moins grande avec laquelle le cheveu est appliqué sur la peau n'exerce pas d'influence sur le seuil.

EXCITATIONS FORTES. — A. *Peau.*— Si on touche la peau avec un cheveu exerçant une forte pression, on provoquera la douleur. Mais la douleur n'apparaîtra que lorsqu'on aura touché certains points de la peau, les points de douleur (Schmerzpunkte), qui sont des endroits fixes de la peau et *distincts* des points de pression et des points de température. Il y a donc localement une séparation complète entre les points de pression et les points de douleur. Les points de pression ne sont pas douloureux. C'est ce qui explique que le phénomène de Goldscheider ne soit pas constant ; on l'observe si, à côté des points de pression, il y a des points de douleur ; sur des endroits de la peau sans points de douleur, la sensation de douleur manque ; sur des endroits de la peau où il n'y a que des points de douleur, la sensation de pression manque et on n'a que la sensation de douleur.

Les points de pression posséderaient une sensibilité environ 1.000 fois plus grande que les points de douleur. Le nombre de points de douleur serait en moyenne de 100 par centimètre carré. La recherche et la topographie de tous les points de douleur est bien plus difficile que celle des points de pression parce que les premiers sont beaucoup plus nombreux ; sur une surface prise sur le dos de la main, au-dessus du métacarpien de l'annulaire, M. von Frey a trouvé 16 points de douleur et seulement 2 points de pression. Il y aurait, à cet endroit, 1,3 point de douleur par millimètre carré.

Si on pique les points de douleur avec une aiguille

fine, la sensation douloureuse croît au point de devenir insupportable et s'irradie en étendue et en profondeur.

Dans certaines régions (peau du dos, creux de la main, pli entre l'aile du nez et le dos du nez), la pression assez forte pour produire la douleur est souvent suivie de la sensation de démangeaison et de chatouillemént, qui peut durer parfois plusieurs minutes (même après une seule piqûre). En examinant de près, on voit que le point qui est le siège du chatouillement et son entourage immédiat sont un peu plus rouges que le reste de la peau. L'auteur conclut que la sensation de chatouillement et de démangeaison doit être considérée comme une sensation secondaire, produite par la voie des réflexes s'étendant des nerfs du tact jusqu'aux vaisseaux.

B. *OEil.* — Les observations sur la cornée et la conjonctive ont été faites par v. Frey principalement sur ses propres yeux. La cornée était examinée au moyen d'un miroir plan ou mieux concave, la conjonctive au moyen de deux petits miroirs plans, dont les surfaces formaient entre elles un angle de 75°.

Le seuil de la cornée correspond à 0 gr. 3mm². La sensation est toujours douloureuse ; seule l'intensité en peut varier. Il n'existe pas de points de pression, mais uniquement des points de douleur. Même pour les excitations dépassant à peine le seuil, la sensation est douloureuse. La douleur disparaît au bout de plusieurs secondes ou bien se prolonge au point qu'il faut interrompre l'excitation. L'excitation de la cornée par le cheveu froid et par le cheveu chaud est sentie comme une douleur.

La conjonctive est aussi dépourvue de points de

pression ; elle ne ressent que la douleur et le froid. Seule l'intensité de la douleur peut varier ; l'excitation devient très vite insupportable. La localisation de la douleur se fait très mal. Pour la cornée et pour la conjonctive, il arrive que, le contact léger n'étant pas senti, il devient douloureux quand il agit à la longue. Ceci montre qu'une excitation, qui ne peut atteindre directement les terminaisons nerveuses, devient efficace quand elle produit des altérations chimiques de l'épithélium ou des sucs organiques. Le seuil pour la conjonctive est situé plus haut que pour la cornée. L'excitation se localise mieux et les vaisseaux de la conjonctive constituent de bons points de repère. La localisation des points de douleur se fait mal ; il en est de même pour les corps étrangers qui pénètrent dans l'œil.

Sur la conjonctive, l'auteur a trouvé un nombre moindre de points de douleur que sur la peau ; ainsi, sur une surface de 29 millimètres carrés, il y avait 35 points de douleur et 10 points de froid.

Il en résulte que la cornée ne possède qu'une seule catégorie de filets nerveux sensitifs, les nerfs de la douleur, et la conjonctive possède deux catégories : les nerfs de la douleur et les nerfs du froid.

Ces recherches ont permis à von Frey de tirer les conclusions suivantes : *Il existe deux seuils pour la peau : un seuil, situé plus bas, pour les sensations de pression ; un seuil, situé plus haut, pour la douleur. Ces deux sensations sont distinctes localement.*

*Mais il existe des régions qui sont sensibles seulement à la pression, d'autres seulement à la douleur. Ces dernières n'ont qu'un seuil unique, qui ne se trouve pas placé plus haut que le seuil de la pression de la peau et peut même se trouver beaucoup plus bas (cornée).*

Von Frey conclut *qu'il existe des terminaisons nerveuses et des nerfs spécialement affectés à la douleur.*

Relevons encore ce fait que la sensation de la douleur dépend non seulement de l'intensité de la pression exercée par le cheveu (taillé sous la loupe en forme de crayon), mais aussi de la durée de la pression ; il faut que cette durée dépasse certaines limites pour que la sensation de la douleur atteigne son maximum. C'est là le fait connu du retard des sensations de douleur (voir p. 216), et qui vient confirmer l'opinion soutenue par Naunyn, Ch. Richet, Goldscheider et Gad, que la douleur est due à la sommation, à une addition latente d'excitations, qui étant isolées, seraient impuissantes à provoquer la douleur. La douleur se caractérise aussi par sa persistance. Lorsqu'on touche avec un cheveu un point de pression, on a une sensation seulement au premier moment ; elle disparaît bientôt, malgré la persistance de la pression. Pour un point de douleur, la sensation de douleur augmente peu à peu, atteint un maximum et puis diminue lentement ; si l'on enlève le cheveu, la sensation persiste encore pendant un certain temps.

LOCALISATION HISTOLOGIQUE DES QUATRE SENS CUTANÉS. — Ces données expérimentales ont permis à von Frey de rapporter les quatre sens cutanés à quatre catégories de terminaisons nerveuses sensitives.

Déjà auparavant on s'était demandé quelle pouvait être la destination fonctionnelle des différentes terminaisons nerveuses dans la peau. Ce qui rend difficile l'étude de la peau, c'est la confusion locale des différentes qualités de la sensation. Aussi toute interprétation physiologique devenait très difficile. Merkel croyait que les terminaisons cellulaires étaient affectées au tact, les terminaisons libres à la température. Waldeyer, Grünhagen attribuaient les terminaisons libres à la sensibilité générale, les terminaisons cellulaires au tact et à la température. E. H. Weber considérait les corpuscules du tact comme particulièrement aptes à conduire les excitants thermiques.

Voici les conclusions de von Frey. Le nombre considérable de points de pression (15.000 au moins sur la paume de la main) conduit l'auteur à admettre que les organes correspondants à la pression sont les *corpuscules de Meissner* sur les parties de la peau où il n'y a pas de poils. Quant aux parties de la peau recouvertes de poils, la racine des poils est entourée de tout un réseau de fibres nerveuses. Les autres terminaisons nerveuses sont en nombre trop faible pour être affectées à la pression.

Dans la cornée, il n'y a que des terminaisons nerveuses libres ; or, la cornée ne peut ressentir qu'un seul genre de sensation : la douleur. On peut donc admettre que ce sont les *terminaisons nerveuses libres* qui, excitées directement, donnent lieu aux sensations de douleur. Dans la peau, les terminaisons libres des nerfs sont situées *plus superficiellement* que les organes de la pression ; elles se trouvent entre les cellules de l'épiderme, dans les espaces intercellulaires. Dans la conjonctive, leur position est aussi superficielle ; les terminaisons nerveuses libres ont été trouvées au-dessus des vaisseaux sanguins, dans les enveloppes externes de la conjonctive.

A côté des terminaisons nerveuses libres, on rencontre encore dans la conjonctive des *corpuscules de Krauze* ; ce sont eux qui, excités directement, donnent lieu aux sensations de froid. En effet, la conjonctive ne ressent que la douleur et le froid.

Enfin, von Frey admet que les *corpuscules de Ruffini* servent pour la sensation du chaud.

D'autres preuves existent. Goldscheider avait trouvé que le temps de la perception est plus court pour les nerfs du froid que pour les nerfs du chaud ; il explique cette différence non par une position plus profonde des nerfs du chaud, mais par une excitabilité moindre de ces derniers. Au contraire, Tanzi pense que le temps de réaction plus court pour le froid pourrait être dû à une position plus superficielle des terminaisons nerveuses affectées au froid. Alrutz avait aussi affirmé, en se basant sur la durée du temps de la réaction, que les terminaisons nerveuses qui servent aux sensations du chaud sont plus profondément situées dans la peau que les terminaisons nerveuses servant aux sensations du froid.

Thunberg se prononce aussi dans le même sens. Mais il fait observer que les preuves fournies par von Frey, de même que celles basées sur une différence dans le temps de la réaction, ne sont pas décisives, car l'allongement du temps de la réaction pour la chaleur peut en effet être dû à une différence d'excitabilité, comme l'admet Goldscheider, et d'ailleurs ces deux suppositions n'épuisent pas du tout le problème. On pourrait supposer aussi que l'allongement du temps de réaction est dû à la longueur de la période latente des organes du chaud.

Aussi, dans un nouveau travail (1901), Thunberg reprend la question de savoir si les nerfs du froid, du chaud et de la douleur, se terminent à la même distance de la surface libre de la peau ? Il résout le problème sans le microscope et par une nouvelle méthode très ingénieuse.

Sa méthode consiste à réchauffer ou refroidir la peau au moyen de lamelles métalliques de différente épaisseur. Elles sont désignées par des numéros d'ordre. Les lamelles sont plongées dans un bain chauffé jusqu'à une certaine température. La méthode consiste donc à communiquer à la peau une quantité de chaleur bien déterminée en appliquant à la surface cutanée les lamelles réchauffées, ou bien à enlever du calorique à la peau, grâce aux lamelles refroidies. Si, par exemple, les lamelles sont chauffées dans un bain à 100° et appliquées à la peau, elles lui communiquent un nombre de milligramme-calories d'autant plus grand que leur épaisseur est plus considérable. Le procédé est assez rigoureux, bien que l'évaluation exacte de la chaleur fournie à la peau est presque impossible. La lamelle la plus mince (n° 15) produit la douleur quand elle est chauffée à 150°.

L'application de ces excitateurs thermiques auxquels l'auteur a réservé le nom de *températeur*, donne lieu à des sensations très remarquables.

On sait depuis longtemps que l'application de la chaleur peut produire une sensation de froid ; le fait a été constaté pour la première fois par Strümpell sur des malades nerveux. Chez les personnes saines il fut constaté pour la première fois par Lehmann. Cet auteur fait remarquer que les points du froid réagissent par une sensation de froid même quand ils sont excités par une pointe surchauffée. C'est lui qui donna le nom de « sensation paradoxale » à cette sensation de froid produite par l'action de la chaleur. Le fait fut confirmé par von Frey, Alrutz, Kiesow, Thunberg.

Voici les expériences de Thunberg. Chauffons la peau pendant deux minutes au moyen de son températeur jusqu'à 45°. La peau réchauffée est excitée au moyen de lamelles ayant une température de 70°. Si on applique une série de lamelles, on s'aperçoit que les numéros inférieurs ne produisent aucune sensation, excepté celle de contact, et que la première sensation thermique produite dans le voisinage du seuil est une sensation de froid. Si on prend des numéros supérieurs, la sensation de froid s'accroît et devient très intense, la sensation de chaud apparaît très faible. Finalement apparaît la douleur. La sensation paradoxale de froid s'explique par les énergies spécifiques des organes des sens. Elle n'est pas due à un refroidissement d'ordre réflexe.

Thunberg a reconnu que la même région de la peau, traitée de la même façon, pouvait fournir tour à tour une sensation prédominante de chaud ou une sensation prédominante de froid, suivant l'intensité de l'excitation par la chaleur. Ainsi, par exemple, chauffons la peau pendant 15 secondes. Si on place sur la peau réchauffée des lamelles de 75°, on voit que les numéros inférieurs ne produisent que des sensations faibles et indéterminées, les numéros un peu plus élevés produisent le froid intense avec une sensation très faible de chaud. La sensation devient douloureuse si on applique les numéros supérieurs. Mais si la température des lamelles dépasse à peine la température à laquelle la peau a été réchauffée précédemment, on obtient une sensation très nette de chaud. Dans ces conditions l'excitation des nerfs de la chaleur a pu s'obtenir très nette.

En changeant le procédé expérimental l'auteur a reconnu que l'excitation thermique produisant le seuil de la douleur, n'était pas elle-même accompagnée d'une sensation de chaud très intense, comme on pourrait le supposer, mais que la douleur était accompagnée d'une sensation très légère de chaud et de froid. L'expérience réussit le mieux quand la peau est refroidie durant trois minutes au moyen d'un températeur de 10° et les lamelles excitatrices sont portées à 100° (il faut choisir une région à peau mince). En appliquant la série de lamelles, depuis les plus minces jusqu'aux plus épaisses, on s'aperçoit que la douleur apparaît avant que le sujet n'ait ressenti une sensation nette de chaud.

En faisant varier l'excitation thermique produite par les lamelles, on peut donc avoir trois cas différents : 1° une sensation prédominante de froid ;. 2° une sensation prédominante de chaud ; 3° une sensation prédominante de douleur.

Quelle est la raison de ces différences dans la sensibilité ? Pour répondre, il faut envisager les conditions expérimentales dans lesquelles se sont produites les sensations. Prenons le froid. Pour avoir prédominance du froid, il faut que la peau soit précédemment surchauffée. Cette action prolongée de la chaleur amène une fatigue des terminaisons des nerfs de la chaleur, au point que l'application consécutive des lamelles excitatrices ne produit plus qu'un effet très faible sur ces nerfs. Par contre, l'excitabilité des nerfs du froid persiste. En appliquant les lamelles on a alors la sensation prédominante du froid, produite par l'excitation des nerfs du froid par la chaleur.

Pour obtenir une sensation prédominante de chaud, il faut employer, au contraire, des températeurs d'ordre inférieur, c'est-à-dire que la peau ne doit pas être très chauffée au préalable. En excitant dans ces conditions la peau avec des lamelles plus chaudes, on obtient une sensation très nette de chaleur.

A côté de ces modifications physiologiques, l'échauffement préalable de la peau produit encore des modifications physiques. En réchauffant la peau avec un températeur, on change la distribution de la chaleur de la peau. Normalement, les couches superficielles sont les plus froides, les couches profondes sont les plus chaudes. Le températeur modifie cette distribution, en chauffant le plus les couches les plus superficielles.

L'explication sera donc la suivante pour le cas où nous obtenons une sensation prédominante de froid (voir plus haut conditions dans lesquelles s'obtient cette sensation) : *les lamelles fortement chauffées élèveront considérablement la chaleur des couches superficielles de la peau et exciteront les nerfs du froid qui s'y trouvent inclus.* L'excitation thermique des couches plus profondes dépasse à peine le minimum perceptible. Il en résulte que les nerfs du froid sont situés plus superficiellement que les nerfs du chaud. L'apparition d'une sensation prédominante de douleur quand la peau est refroidie, montre que *les nerfs de la douleur sont situés plus superficiellement que les nerfs du chaud et que les nerfs du froid.*

# CHAPITRE VI

## VOIES DE CONDUCTION ET CENTRES SUPPOSÉS
## DE LA DOULEUR

Dissociation due à la compression des nerfs périphériques. — Opinions de Ch. Richet, Magendie, Brown-Séquard, Vulpian, Schiff, Van Deen. — La douleur se transmet par la substance grise de la moelle épinière, tandis que le toucher se transmet par les cordons postérieurs et surtout par les cordons latéraux. — Cl. Bernard, Osawa, Wundt, Waller, Herzen. — Thèse de Bertholet, Van Gehuchten et Brissaud. — Preuves tirées de l'asymétrie dolorifique.

Pour qu'une douleur soit sentie, il faut admettre l'existence et la mise en jeu des organes suivants : 1° un organe récepteur des excitants de la douleur ; 2° un système de voies conductrices de l'impulsion aux centres nerveux, c'est-à-dire des nerfs de transmission centripète spéciaux ou non ; 3° un centre nerveux percepteur. L'individu soumis à une excitation douloureuse juge de la nature, de la variété ou du siège de l'excitation, connaît les qualités physiques de l'excitant, et enfin éprouve le sentiment même de la douleur.

Ce mécanisme est de toute évidence. Mais la discussion s'engage au sujet de la spécialisation ou de la non-spécialisation dans un appareil nerveux de ces phénomènes de réceptivité, de transmission et de perception.

Pour les uns, il existerait, à côté des autres appareils sensoriels et des autres sens, des organes et un *sens de la douleur*. Mais d'après certains observateurs, la douleur aurait pour organes les appareils nerveux affectés à la sensibilité générale et dans ce cas ne serait qu'une modalité de cette dernière.

Nous avons exposé dans le chapitre précédent les expériences qui ont démontré l'existence d'organes périphériques affectés spécialement à la réception des impressions douloureuses. Maintenant se pose la question de savoir s'il existe ou non des voies, des conductions spéciales et des centres pour la douleur. Parmi les physiologistes, les uns admettent que la douleur se transmet par les nerfs du tact ; une faible excitation produit une sensation de tact, une forte excitation une sensation douloureuse. Les autres admettent, au contraire, des nerfs et des centres spéciaux pour la douleur.

A côté des nombreuses preuves plaidant en faveur de la dissociation, faisons remarquer que les sensations tactiles sont causées uniquement par l'excitation des organes nerveux terminaux (ou plutôt récepteurs), alors que la sensation de douleur peut naître, non seulement par l'excitation des terminaisons nerveuses, mais aussi par l'excitation des troncs nerveux et même des centres (p. 98).

En outre, si les sensations douloureuses n'étaient qu'un degré des sensations tactiles ou thermiques, elles devraient apparaître dans la conscience par degrés insensibles. Or l'arrivée de la douleur à la conscience est brusque ; c'est u ne sensation nouvelle, distincte de la sensation tactile.

Nous parlerons plus loin des dissociations de la sensibilité dues à un phénomène central. Notons ici l'existence, dans quelques cas, des dissociations de la sensibilité se trouvant sous la dépendance de certaines lésions des nerfs périphériques. Cette dissociation peut même être due à la compression des troncs nerveux et provoquée expérimentalement (Biernacki). On observe alors l'abolition de la douleur et de la température avec conservation de la sensibilité tactile, de la sensibilité à la pression, et persistance à l'état normal du sens musculaire et de la vitesse de transmission.

D'après Ch. Richet, il suffirait d'admettre que les centres où s'élaborent les perceptions peuvent être ébranlés douloureusement. Mais de là la douleur va s'irradier et gagner les centres de la douleur, si tant est qu'on puisse admettre des centres de la douleur. La douleur serait analogue à un réflexe, c'est-à-dire que l'excitation forte d'un nerf quelconque va provoquer un ébranlement médullaire et cérébral intense, qui aura ce double effet : d'une part, un réflexe plus ou moins généralisé, d'autre part une sensation douloureuse. Au contraire, une perception est exactement localisée ; elle ne se concevrait pas sans un centre spécial élaborant une sensation bien nettement déterminée, comme celle du froid, du chaud, de la vision, etc. La douleur n'est que rarement localisée; quand, par exemple, on est atteint d'une névralgie dentaire, il est presque impossible, si l'on ne touche pas la dent malade, de pouvoir dire quel est le point douloureux. Rien ne s'oppose à admettre, suivant Ch. Richet, que les centres de perception, s'ils sont modérément excités, ne fournissent que la perception, mais que, s'ils sont excités avec une force trop grande, la douleur vient se surajouter à la perception. D'après Ch. Richet, les excitations douloureuses passent par la substance grise de la moelle épinière, puis se portent aux régions rolandiques pour déterminer des perceptions spéciales. Mais l'excitation passe par la capsule interne et revient aux centres bulbo-protubérantiels, où la sensation de douleur est perçue.

Dans la *Physiologie philosophique des sensations et de l'intelligence*, Gerdy, qui considère la faculté de sentir comme une faculté multiple, différencie la douleur par son origine, sa nature et ses caractères. Elle devait posséder des organes destinés aux impressions douloureuses. C'étaient des considérations théoriques, auxquelles vinrent bientôt à l'appui les faits cliniques publiés par Beau (*Archives de Médecine*, 1848). Il établissait cliniquement la coexistence de deux sensibilités pour la peau et les muqueuses, l'une donnant des impressions tactiles produites par les corps extérieurs, l'autre faisant apprécier les impressions douloureuses provoquées par les différents excitants, piqûre, pincement, torsion, etc. A côté de *l'insensibilité tactile* ou *anesthésie*, on distingua désormais, dans l'état de maladie, l'*indolence physique* ou *analgésie*, consistant dans l'abolition des impressions douloureuses.

· Quelques années plus tard, Landry plaçait le sens de la douleur auprès des sens de température, de contact et d'activité musculaire, et affectait à chacun d'eux des nerfs spéciaux.

La question des *voies de transmission des impressions douloureuses* a été l'objet d'expériences physiologiques de haut intérêt et qui donnèrent lieu à des discussions non moins intéressantes.

Magendie accordait cette propriété aux cordons postérieurs de la moelle, et Longet partageait le même avis, tout en s'appuyant sur des arguments d'ordre différent.

Les travaux de Bellinghieri, Fodera, Calmeil, Van Deen, Schiff, Brown-Séquard, Vulpian et Philipeaux, ont fait accorder à la substance grise médullaire une influence prépondérante dans la conduction de la douleur.

Brown-Séquard (1866) a montré que dans la substance grise les voies de transmission des impressions thermiques forment les parties centrales, et que les conducteurs de la douleur sont probablement groupés dans les parties postérieures et latérales.

Si l'on coupe transversalement une moitié de la moelle, les phénomènes suivants s'observent au-dessous de la section : du côté de la lésion, la motricité est abolie, mais la sensibilité est conservée et même exaltée au début ; du côté opposé, au contraire, la motricité est à peu près intacte, mais la sensibilité à la douleur est complètement abolie ; les piqûres, brûlures, écrasements du membre inférieur ne sont pas sentis (syndrome de Brown-Séquard). La transmission de la sensibilité serait donc croisée.

Mais c'est à Schiff (1854) que nous devons les premiers travaux détaillés sur la question. Ce physiologiste avait entrepris une longue série d'expériences pour résoudre le problème de la conduction dolorifique et calorifique dans la moelle. Il attira l'attention sur ce fait, qu'il faut maintenir les animaux très longtemps en vie après leur opération pour observer quel sera le déficit fonctionnel persistant (1). Et si l'on ne peut maintenir en vie l'animal assez long-temps pour le voir complètement rétabli, il ne faut considérer comme symptômes certains que ceux qui sont *positifs* et éliminer les *négatifs* comme n'offrant pas des garanties suffisantes. C'est en restant ferme-ment attaché à cette règle de conduite qu'il est arrivé à avoir des résultats toujours identiques et comparables entre eux.

Schiff admet que la douleur se transmet par la *substance grise de la moelle épinière*, tandis que le toucher se transmet par les cordons postérieurs et surtout par les cordons latéraux. En effet, la section des cordons postérieurs et latéraux de la moelle n'exerce aucune influence sur la sensibilité doulou-reuse ; celle-ci disparaît lorsqu'on sectionne la sub-stance grise. Il y aurait un entre-croisement partiel de la substance dolorifique ; la partie médiane de la sub-stance grise conduirait la sensibilité pour les deux moitiés du corps; les parties latérales pour la moitié opposée du corps. D'après lui, la décussation la plus complète aurait lieu pour l'homme ; elle serait moins complète pour le chien et le lapin et enfin pour le chat la conduction serait directe, non croisée.

O. Funke penche à admettre les idées de Brown-Séquard et de Schiff regardant la substance grise comme insensible (aesthésodique), mais conduisant la douleur.

Cl. Bernard affirme catégoriquement que la seule voie pour la conduction dolorifique est la substance grise. Longet partage le même avis, ayant été maintes

---

(1) Cette idée a été ensuite développée et complétée par Herzen.

fois témoin des expériences de Schiff. Il en est de même pour Vulpian, qui a répété ces expériences.

Osawa n'admet pas que la sensibilité douloureuse disparaisse après la section de la substance grise (ses conclusions ne sont pas très claires). Wood Field se prononce catégoriquement contre la conduction dolorifique de la substance grise. Toutefois, l'analgésie de la *syringomyélie*, affection qui porte surtout sur l'axe gris de la moelle, contribue à prouver l'importance de la substance grise médullaire dans la conduction des excitations douloureuses (Fredericq et Nuel).

Plus récemment, Landois, Mott, Waller, Herzen se prononcent dans le même sens que Schiff. Wundt pense, il est vrai, que dans les nerfs périphériques les voies sont les mêmes, mais il admet une dissociation dans la moelle. Goldscheider partage la même opinion.

Van Gehuchten et Brissaud affirment que les sensations thermiques et douloureuses passent par le faisceau de Gowers. Karl Petren dans un travail purement clinique arrive comme Van Gehuchten aux conclusions suivantes : la douleur et le chaud sont transmis par les cordons latéraux, principalement par leur partie externe. Piltz arrive à des conclusions semblables.

Récemment, Bertholet, dans sa thèse faite au laboratoire du professeur A. Herzen, de Lausanne, arrive à des conclusions expérimentales qui vérifient les conclusions cliniques de Van Gehuchten et Brissaud.

Il fit des expériences anatomo-histologiques et des expériences physiologiques. Dans la première série,

il employa la méthode de Weigert et la méthode de
Marchi pour étudier les lésions médullaires consécutives à la section de la moelle. Dans la seconde série,
il examina les conséquences physiologiques de la section à différents degrés de la moelle.

Ces expériences ont montré à l'auteur que la substance grise en elle-même n'est pas le conducteur des
sensations dolorifiques et calorifiques. La substance
grise ne jouerait un rôle dans cette conduction qu'en
tant qu'elle relie les racines postérieures aux cordons
latéraux de la moelle.

Ces conclusions découlent nettement des expériences de section aux trois quarts de la moelle avec
conservation de sensibilité dolorifique et calorifique
bilatérale, malgré l'absence de substance grise sur
une surface de section transversale.

Cette théorie peut expliquer, d'après l'auteur, tous
les faits relatifs à la conduction dolorifique, soit ex-
périmentrux, soit pathologiques.

La suppression de la sensibilité dans la syringomyélie s'explique aisément si l'on réfléchit que la
substance grise une fois détruite sur une certaine
longueur, la colonne de Clarke se trouve par là
même supprimée et par conséquent le contact entre
les neurones sensitifs périphériques et intercentraux
est détruit.

En outre, dans bien des cas de syringomyélie la
substance n'est pas entièrement détruite sur toute la
surface de section de la moelle et cependant, malgré
la persistance de ce peu de substance grise, on n'observe pas de sensibilité dolorifique.

Également, dans bien des cas de syringomyélie
avec abolition de la sensibilité dolorifique nous ob-

servons justement une dégénérescence des cordons latéraux. Nous observons aussi, par contre, des cas de destruction totale de substance grise sur une certaine étendue dans la région cervicale, sans analgésie consécutive dans les membres postérieurs.

Schiff et d'autres expérimentateurs après lui ont pratiqué la destruction artificielle de la substance grise et ont vu, à la suite de cette opération, la sensibilité dolorifique disparaître ; mais, dit Bertholet, Schiff convient lui-même que cette constatation, comme toute affirmation négative, est difficile à prouver rigoureusement et que du reste par une telle expérience on lésait inévitablement les cordons latéraux. Et même si dans certaines expériences les cordons latéraux n'étaient pas lésés, on peut donner la même explication que pour la syringomyélie : le contact entre fibres nerveuses dans la substance grise était détruit.

L'auteur se sert de la même explication pour interpréter les résultats d'une expérience de Langendorff après ligature de l'aorte abdominale. Si la conduction de la sensibilité dolorifique a été supprimée, c'est parce qu'on avait ainsi mis toute la substance grise hors de fonction et par là même interrompu le contact entre les fibres sensitives venant de la périphérie et les fibres se rendant dans les cordons latéraux.

Quant aux deux expériences : section totale de la substance blanche et double hémisection, qui semblaient tout à fait démonstratives en faveur de la conduction dolorifique par la substance grise, faites par Schiff et confirmées par d'autres physiologistes, elles ont été entachées d'erreur, et cette erreur provient de ce qu'aucun de ces expérimentateurs n'a fait un examen microscopique attentif de toute la section.

Bertholet a répété une de ces expériences : double hémisection à hauteur différente et il a vu la suppression totale de la sensibilité ; dans un autre cas où la section était insuffisante la sensibilité dolorifique a persisté. Mais ces résultats n'ont pu être expliqués que par un examen microscopique minutieux des coupes en séries.

D'après l'auteur, il y a deux preuves à éliminer comme reposant sur des bases expérimentales inexactes. On a voulu donner comme une preuve de la transmission de la douleur par la substance grise le fait que le temps de réaction aux impressions dolorifiques est plus grand que le temps de réaction aux impressions tactiles. Et l'on a dit que la conduction par la substance grise, étant diffuse, devait nécessairement prendre un temps plus considérable pour atteindre le cerveau. Bertholet ne voit pas la nécessité d'attribuer cette augmentation du temps de réaction uniquement à la substance grise ; on peut avec autant de raison l'attribuer à un organe récepteur périphérique sensitif présentant une inertie plus grande et demandant un temps plus grand pour réagir à une impression douloureuse (1).

Il en est de même du retard des sensations dolorifiques dans certaines maladies ; on peut tout aussi bien l'attribuer à un défaut de fonctionnement de l'organe récepteur qu'à une altération de la substance grise (2).

(1) C'est là l'opinion que soutenait l'une de nous (I. Ioteyko), plusieurs mois auparavant dans son discours sur les *Substances algogènes* (voir p. 194). Elle expliquait même les raisons de cette inertie de l'appareil récepteur.

(2) Voir à ce sujet, p. 216.

Et d'ailleurs, même dans le cas d'une altération histologique de la substance grise, on peut toujours invoquer la rupture de contact comme une explication suffisante (comme dans la syringomyélie).

Nous avons vu que les faisceaux latéraux sont en partie directs et en partie croisés, et ces constatations nous donnent une explication très suffisante du maintien de la sensibilité dolorifique bilatérale après hémisection ou même trois quarts section de la moelle.

En résumé, Bertholet formule les conclusions suivantes :

I. Les impressions dolorifiques et calorifiques ne sont pas transmises à distance tout le long de la substance grise.

La substance grise n'est donc pas la voie de conduction de ces sensibilités.

II. La sensibilité à la douleur et au chaud est conduite par les cordons latéraux de la moelle.

III. Une hémisection latérale chez le chien et le chat donne une dégénérescence ascendante bilatérale des faisceaux latéraux plus forte du côté lésé que du côté sain.

IV. Le faisceau cérébelleux ne paraît pas jouer un rôle indispensable dans la conduction de ces sensibilités.

V. La conduction dolorifique et calorifique serait plutôt localisée dans la partie de la moelle occupée par le faisceau de Gowers.

Nous avons tenu à exposer avec quelque ampleur cet intéressant travail, fait sous l'inspiration de Herzen. La nouvelle théorie explique mieux que l'ancienne les constatations expérimentales et pathologiques ayant trait à la conduction dolorifique dans la moelle épinière.

Il reste à déterminer les parties des centres nerveux qui sont préposées à la *perception des impressions douloureuses*. Les conducteurs traversent la protubérance et concourent dans les pédoncules à la formation du faisceau sensitif, dans lequel d'après Ballet, les fibres sensorielles occupent la partie la plus interne. De cette disposition on a conclu que les fibres de la sensibilité générale constituent la portion la plus externe de ce faisceau.

Durant ce trajet il se produit des entre-croisements, bulbaires, pour Meynert, médullaires pour Brown-Séquard.

On a essayé de localiser expérimentalement les parties de l'encéphale qui président à la perception de la douleur. Malgré l'ablation des lobes cérébraux, des couches optiques, des corps striés, des tubercules quadrijumeaux et même du cervelet, Longet voyait la sensibilité à la douleur persister tant que la protubérance et le bulbe rachidien étaient intacts. L'animal, privé de ces parties, répondait encore par des cris aux excitations douloureuses de pincements, de torsion ou de cautérisation.

D'autre part, dans leurs recherches sur les localisations cérébrales, ni Hitzig, ni Nothnagel, n'ont pu, par la destruction partielle ou totale des circonvolutions, déterminer la perte de la sensibilité aux incitations douloureuses pas plus qu'aux excitations tactiles ou thermiques.

Mais si un animal privé de cerveau pousse encore des cris quand on l'irrite douloureusement, cela est dû à une action purement réflexe, sans participation de l'activité consciente (Vulpian, Longet).

Dans le cas où le bulbe seul a été conservé, tandis

IOTEYKO et STEFANOWSKA          7

que Longet attribuait les cris que pousse l'animal à une action réflexe, Brown-Séquard n'admet pas cette interprétation. Bien que ces cris soient moins intenses et moins bien articulés, cet observateur les considère encore comme les cris d'une douleur sentie, les centres de perceptivité douloureuse étant diffus en quelque sorte et non localisés dans l'encéphole.

Avec Lapeyronie, Saucerotte, Pourfour du Petit, Foville et Pinel Granchamps, on a voulu placer dans le cervelet le foyer du *sensorium commune* et conséquemment de la sensibilité à la douleur. On a reconnu depuis l'erreur d'une pareille supposition. Après l'ablation de cet organe on n'observe ni l'abolition, ni la diminution de la sensibilité à la douleur. Il en est de même dans les lésions expérimentales et chimiques.

Willis localisait les perceptions douloureuses dans le corps strié. Longet plaçait cette sensibilité dans le plus volumineux des noyaux gris des couches optiques.

Pour la conduction dans le cerveau, les physiologistes ont établi que l'excitation des circonvolutions autres que celles de la région rolandique ne pouvait provoquer de sensation douloureuse. On peut impunément cautériser, ou exciter électriquement les lobes frontaux, temporaux et occipitaux, sans amener de réaction de l'animal. La réaction générale est immédiate dès qu'on excite les régions rolandiques. Pourtant cela ne signifie pas d'une manière absolue qu'elles sont le siège des sensations douloureuses ; elles pourraient se comporter, suivant la remarque de Ch. Richet, comme les nerfs sensibles et non comme des centres de la sensibilité à la douleur. Autrement dit, on peut penser que l'excitation, passant probablement par les fibres de la capsule interne, va exciter les régions bulbo-protubérantielles qui président à la douleur (Ch. Richet). D'ailleurs, les animaux auxquels les régions rolandiques ont été enlevées ne sont nullement insensibles à la douleur.

Pour Vulpian, le centre commun des perceptions douloureuses serait la protubérance annulaire. Le cri déterminé par la dilacération et les excitations mécaniques de cette portion de l'encéphale ne serait pas un cri réflexe, mais un cri de douleur, ou plutôt une série de cris, de gémissements plaintifs indiquant une perception douloureuse consciente et prolongée.

D'après Bechterew, il y a une localisation du sens de la douleur dans certaines régions de la périphérie corticale. Ce serait vers la troisième et la quatrième circonvolution du pli courbe, entre le bord externe du gyrus sygmoïde et la pointe du lobe temporal. Mais il reconnaît que la sensibilité, après la destruction de ces parties, est plutôt diminuée qu'abolie.

Ce qui complique notablement ce phénomène, c'est que chez l'homme, la destruction de certaines parties de l'encéphale, des voies sensitives qui passent par le segment postérieur de la capsule interne abolit la sensibilité (Türck, Charcot, Veyssière). On peut faire à ce sujet deux hypothèses, suivant Ch. Richet : l'une, c'est que, chez l'homme et chez le chien, les dispositions ne sont pas les mêmes ; l'autre, c'est que la sensibilité, avant d'atteindre le centre bulbo-protubérantiel de la douleur, passe par les régions rolandiques, de sorte que, par les lésions du tiers postérieur de la capsule interne, ses voies conductrices se trouvent interrompues.

E. Lahousse s'exprime de la façon suivante :

Les nerfs de la sensibilité douloureuse provenant du tronc et du membre entrent, par les racines postérieures, dans la substance grise et la moelle épinière, où ils paraissent s'entrecroiser, traversent successivement la formation réticulée de la moelle allongée, la formation réticulée du pont de Varole, la formation réticulée de la calotte des pédoncules cérébraux, le pédoncule postérieur de la capsule interne et se distribuent dans l'écorce cérébrale, probablement aux lobes temporal, brachial et pariétal.

Les nerfs de la sensibilité douloureuse provenant de la tête et du cou pénètrent avec les nerfs craniens, dans la moelle allongée, dont ils traversent la formation réticulée, et dans la protubérance annulaire, dont ils traversent le champ de fibres sensitives de la calotte, et de là se dirigent, avec leurs congénères du tronc et des membres, à travers la capsule interne, jusqu'au cerveau. Un certain nombre de fibres de la sensibilité douloureuse, accompagnées de fibres centripètes-réflexes, se rendent à la couche optique et aux tubercules quadrijumeaux. Au-delà de ces ganglions, les fibres sensorielles continuent leur chemin jusqu'au cerveau.

On connaît toutes les difficultés qu'ont rencontré les études sur les localisations cérébrales ; il ne faut donc pas s'étonner qu'il existe encore aujourd'hui de nombreuses contradictions quant au siège central de la douleur.

Mais le fait en lui-même (existence de centres

affectés à la douleur) paraît indéniable grâce aux *dissociations centrales* (voir p. 106) qu'on observe souvent entre la sensibilité tactile et la sensibilité à la douleur. L'*analgésie*, c'est-à-dire la conservation de la sensibilité tactile avec abolition de la sensibilité à la douleur est des plus nettes dans l'anesthésie générale par le chloroforme et l'éther et dans plusieurs états pathologiques, tels que l'hystérie et l'hypnotisme.

Récemment, nous avons pu fournir plusieurs preuves nouvelles en faveur d'un centre distinct pour la douleur. L'argument principal est fourni par l'*asymétrie dolorifique* (voir p. 62).

En abordant ces recherches, nous nous attendions soit à trouver une confirmation de la loi de Van Biervliet, reconnue exacte pour toutes les autres sensibilités, soit à trouver un rapport renversé, c'est-à-dire que les droitiers seraient plus sensibles à gauche et les gauchers plus sensibles à droite. Si, au point de vue biologique, la douleur est une défense, ce rôle estho-phylactique doit être considéré comme un perfectionnement, comme un caractère de supériorité acquis dans le cours du développement. Mais, au point de vue individuel, nous ignorons si une sensibilité dolorifique très affinée doit être considérée comme une supériorité esthésique, si elle peut être comparée à ce point de vue aux autres sens : toucher, ouïe, vision, etc., pour lesquels le fait est de toute évidence. Il n'y aurait donc rien de surprenant à trouver une sensibilité dolorifique plus grande du côté de l'hémisphère le moins développé. D'ailleurs, comme nous ne savons pas en réalité si les nerfs dolorifiques subissent une décussation, nous pourrions trouver un rapport renversé pour la douleur, sans que ce fait constitue une contradiction avec l'existence du « type droit » et du « type gauche ». Chez le premier, c'est l'hémisphère gauche qui est plus développé; chez le second, c'est l'hémisphère droit.

Or, aucune de ces prévisions n'a été justifiée.

L'asymétrie dolorifique est tout à fait en dehors de ces considérations. Le côté gauche est plus sensible à la douleur, aussi bien chez les droitiers que chez les gauchers.

Ces résultats montrent, d'une façon certaine, que les centres de la douleur ne sont pas les mêmes que les centres percepteurs. *La perception de la douleur se fait par des centres différents que la perception de toutes les autres sensations.*

Dans son évolution, ce centre présumé de la douleur est resté indépendant des autres centres percepteurs; tandis que tous les autres centres percepteurs ont suivi la loi de l'asymétrie sensorielle, en prenant un développement plus considérable tantôt du côté gauche, tantôt du côté droit, suivant qu'il s'agissait du type droit ou du type gauche, le centre de la douleur, bien qu'asymétrique, et cela dans le même rapport que les autres centres, n'a pas subi de fluctuation et n'a pas participé à la formation des deux types. Il est toujours resté prédominant d'un côté.

Cette prédominance invariable du centre dolorifique d'un seul côté permet de supposer que ce centre est plutôt unilatéral que bilatéral. S'il ne l'est pas rigoureusement au point de vue anatomique, il l'est certainement au point de vue fonctionnel.

Comme l'a dit très bien van Biervliet, même les centres bilatéraux sont situés fonctionnellement d'un seul côté, car d'habitude nous ne nous servons que d'un œil, d'une oreille, etc. Or, pour la douleur le fait nous paraît encore plus évident. Dans la vie courante, les douleurs que nous subissons ne dépassent guère le seuil ; elles ne sont ressenties que par un seul centre, le plus sensible, car elles se trouvent au-dessous du seuil du centre le moins sensible. La douleur physiologique n'est donc ressentie que par un centre unilatéral, doué d'une très grande sensibilité à la douleur. Le centre opposé ne servirait que pour des douleurs pathologiques, c'est-à-dire plus fortes.

Comme rien ne prouve que les nerfs dolorifiques subissent une décussation, il n'est pas impossible de supposer que ces nerfs parcourent un trajet direct, c'est-à-dire que les nerfs dolorifiques du côté gauche du corps se rendent à l'hémisphère gauche. Le centre de la douleur physiologique pourrait donc être situé dans l'hémisphère gauche, à côté des centres les plus importants qui, chez le droitier, type de beaucoup le plus répandu, se trouvent être situés de ce côté. Et, comme la fonction dolorifique est une fonction défensive, le centre de la douleur, étant situé du même côté et dans le voisinage des centres les plus importants, pourrait remplir aisément son rôle estho-phylactique.

Déjà, à plusieurs reprises, nous avons considéré la douleur comme une fonction hémisphérale. Nous nous basons dans cette assertion sur les phénomènes de la dissociation des sensibilités et de la motilité dans l'anesthésie générale (voir p. 110).

C'est un fait reconnu dans l'anesthésie générale provoquée par l'éther ou le chloroforme, que la disparition des différentes fonctions, a lieu successivement. La sensibilité à la douleur disparaît la première avant les autres sortes de sensibilité et aussi avant le mouvement volontaire. Or, cette première phase de l'action des anesthésiques, caractérisée par les troubles de l'intelligence et par l'analgésie, est due à l'intoxication des hémisphères cérébraux. Ce n'est que plus tard que succède l'envahissement par l'anesthésie des territoires de la moelle. D'autre part, les fonctions reparaissent dans l'ordre inverse de leur disparition, c'est-à-dire que celles qui ont disparu les premières reviennent les dernières ; la sensibilité à la douleur est la dernière à revenir. L'analgésie de retour persiste alors que la moelle est déjà complètement affranchie de l'action anesthésique.

L'étude de l'anesthésie générale montre donc implicitement que l'*analgésie* ne peut être due à une interruption des sensations dolorifiques dans une station intermédiaire du système nerveux, mais bien à l'abolition de la perception même. L'analgésie est de fait un phénomène qui coïncide avec le début de l'envahissement du cerveau, elle est contemporaine des troubles de l'intelligence et précède l'abolition de toutes les autres sensibilités et du mouvement volontaire.

Le centre cortical de la douleur est donc situé dans les hémisphères cérébraux, probablement non loin de la région rolandique, car nous savons, d'autre part, que, chez les animaux, seule l'excitation de cette région cérébrale est accompagnée de douleur.

# CHAPITRE VI

## DISSOCIATIONS. — ANALGÉSIE



Un des grands arguments en faveur de l'origine distincte du sens dolorifique est fourni par les *dissociations* qui s'observent très souvent *entre le sens tactile et la sensibilité à la douleur*. Les dissociations peuvent être *organiques, fonctionnelles et pathologiques*.

I. DISSOCIATIONS ORGANIQUES. — Il existe des organes qui possèdent la sensibilité dolorifique et sont dépourvus de la sensibilité tactile, comme la vessie et les intestins. Kiesow a trouvé une région situé sur la muqueuse des joues, à l'intérieur de la bouche, en face des molaires, sur laquelle on ne sent pas la douleur. On peut enfoncer une aiguille sans douleur ; seul le contact est perçu. On peut appliquer sur cette région un courant électrique tellement intense qu'il fait contracter tous les muscles environnants, sans qu'on ressente de la douleur. La sensibilité tactile y est un peu moindre que sur la pulpe des doigts. La sensibilité thermique y est abaissée pour la chaleur. Sur les autres portions des joues, on sent très bien la douleur.

D'autre part, la topographie de la sensibilité à la douleur n'est pas du tout la même que la topographie de la sensibilité tactile. Cet argument à lui seul n'est certes pas décisif, mais il acquiert une grande importance vis-à-vis d'autres faits dûment constatés.

Au point de vue des différences individuelles, il n'y a pas non plus de parallélisme entre la sensibilité tactile et la sensibilité dolorifique. Le sens de la douleur peut varier dans de très grandes limites chez différents sujets. On rencontre des personnes normales très peu sensibles à la douleur, et possédant une sensibilité tactile assez fine.

Nichols rappelle que les excitations mécaniques des bords des plaies, des nerfs dentaires, du rectum, de l'œsophage, produisent de la douleur, sans trace de sensation tactile.

Actuellement, la dissociation anatomique de ces deux sens, est un fait prouvé, grâce à la découverte des *points de pression* et des *points de douleur* (voir p. 65).

II. Dissociations fonctionnelles. — Elles peuvent être *centrales* ou *périphériques*. Il est intéressant de constater que, dans toutes les circonstances qui produisent l'insensibilisation (centrale ou périphérique), la sensibilité à la douleur disparaît avant la sensibilité tactile.

*Anesthésie générale.* — Cette dissociation se produit avec une netteté admirable dans l'anesthésie générale par le *chloroforme* ou l'*éther*. L'effet des anesthésiques qui, à la première période de leur action, amènent l'analgésie, est une preuve qu'on peut séparer la fonction tactile de la fonction douleur. Dans la première période, l'anesthésique porte d'abord son action sur les hémisphères cérébraux ; la disparition des diverses formes de la sensibilité a lieu successivement. C'est la sensibilité à la douleur qui disparaît la première, en sorte que, même dans la première phase, quand le patient parle, rêve, répond aux questions, interroge, perçoit les bruits et les sensations tactiles, il y a *analgésie*. A ce moment, l'opéré sent le contact de l'instrument, mais la section ne lui paraît pas douloureuse. Puis la sensibilité tactile disparaît à son tour, ensuite la sensibilité visuelle, et enfin la sensibilité auditive.

Ce tableau est saisissant. En voyant la disparition successive des différentes sensibilités à la période d'action de l'anesthésique sur les hémisphères cérébraux, il est naturel de conclure que l'insensibilisation est due à l'empoisonnement des centres respectifs, doués d'une réceptivité inégale à l'égard de l'anesthésique. L'abolition de la douleur est donc aussi susceptible de la même explication, et il est inutile de supposer que s'il y a analgésie, c'est parce que les centres nerveux intoxiqués ne peuvent plus vibrer avec une intensité suffisante pour qu'il y ait douleur (pour les adversaires de la spécificité des nerfs et des centres dolorifiques, la douleur est due à une vibration forte du système nerveux, et le chloroforme diminuerait l'amplitude de la vibration).

Après cette première période, on observe l'envahissement des territoires de la moelle épinière et, en troisième lieu, du bulbe, si l'anesthésie est poussée assez loin.

En expérimentant sur les animaux, nous avons montré que la *suppression de la douleur précède l'abolition du mouvement volontaire*. On assiste au spectacle vraiment curieux d'un animal (souris, chien, cobayes, grenouilles), qui ne réagit plus aux sensations douloureuses les plus fortes, mais qui a conservé encore le mouvement volontaire.

En envisageant de plus près certains faits cliniques de l'anesthésie chez l'homme, nous trouvons une confirmation de la dissociation de la douleur d'avec le mouvement volontaire. Si les phénomènes de dissociation psychique sont rares lorsqu'on emploie les procédés habituels d'anesthésie, ils sont habituels lorsque l'on recourt au protoxyde d'azote, au bromure d'éthyle, à la méthode combinée (chloroforme et morphine) et à l'anesthésie obstétricale.

Avec le protoxyde d'azote, grâce au mélange de P. Bert, et, en ralentissant à volonté la marche de l'anesthésie, on peut l'analyser, en séparer les phases.

Avec le bromure d'éthyle, l'écart entre l'analgésie et la perte des mouvements est très considérable.

Le procédé le plus favorable pour produire l'analgésie est la *méthode combinée* (morphine et chloroforme) ou anesthésie mixte, introduite par Claude Bernard, en France, et par Nussbaum, en Allemagne. « Le sujet a conservé le sentiment de lui-même et du monde extérieur ; il voit, il entend, il juge ; il répond avec convenance aux questions qu'on lui pose : il obéit avec docilité aux ordres qu'on lui donne ; il sent le contact de l'instrument qui le mutile, mais ne sent poir.. la douleur. Il assiste comme un témoin indifférent à l'opération qu'il subit. » Claude Bernard explique cette action par le fait que la morphine augmente l'excitabilité des centres nerveux, et par conséquent commence déjà l'intoxication. Le chloroforme, même à petite dose, suffirait alors pour déterminer l'analgésie.

Dans l'anesthésie mixte, il y a donc persistance de la conscience et de la volonté avec abolition de la sensibilité à la douleur.

L'anesthésie *obstétricale* présente un exemple non moins curieux. En graduant convenablement l'administration du chloroforme, en le donnant par inhalations successives et entrecoupées, suivant la méthode de Snow, on arrive à produire une analgésie complète, sans porter atteinte aux mouvements volontaires. Dans cet état de dissociation psychique, « la femme peut voir, entendre, parler, avoir conscience de ce qui se passe en elle et seconder librement par ses efforts, et sans crainte de souffrir, l'œuvre de la parturition, les contractions utérines et abdominales » (Houzelot). Cet état a été observé bien des fois : c'est l'*engourdissement général* de Gerdy, le *demi-sommeil* de Blandin, le *demi-réveil* de Chassaignac, l'*anesthésie obstétricale* de Campbell l'*intelligence de retour* de Lacassagne, etc.

Si l'anesthésie chirurgicale a trouvé des adversaires, ce n'est pas que le principe même de la dissociation ait été mis en doute, mais parce que d'autres

inconvénients ont apparu. La paralysie des territoires où viennent s'élaborer les sensations dolorifiques coïncide souvent avec la phase de surexcita-
tion des territoires moteurs du cerveau, et le cas
s'observe plus particulièrement dans l'administration des doses faibles et entrecoupées. La femme est
en proie à une agitation extrême et épuise ses forces
en de vains efforts.

Toutes ces observations nous amènent à rattacher
la suppression de la douleur à une action des anesthésiques sur les centres supérieurs et non à une action
sur les centres médullaires, contrairement à l'opinion
de Dastre. Voici ce que dit à ce propos le physiologiste
français : « Il semble, au premier abord, que l'analgésie chloroformique soit en contradiction avec les
lois générales de l'imprégnation anesthésique. Nous
avons dit que, en règle générale, les hémisphères
cérébraux étaient atteints avant la moelle. En d'autres
termes, la sensibilité disparaît avec l'intelligence ;
et, tant que le sujet a conscience et volonté, il n'est
pas insensible. Si donc cette loi était absolue, elle
serait la négation même de l'analgésie chloroforo-
mique, dans laquelle le sujet possède, au contraire,
les attributs de la conscience après avoir perdu la
sensibilité. Pour que cela soit possible, il faut que
le développement du phénomène de sensibilité soit
arrêté en quelque point : ce ne peut être à son terme
dans l'acte même de la perception consciente, puisque nous supposons la conscience intacte, et intacts,
par conséquent, les hémisphères cérébraux qui en
sont l'instrument. C'est dans son cours même que
le processus de sensibilité est arrêté : ce ne peut
être que dans les noyaux sensitifs de la moelle ou

dans les ganglions encéphaliques. D'après cela, pour qu'il y ait analgésie, il faudrait que l'altération de ces noyaux sensitifs fût contemporaine de l'altération de l'écorce cérébrale ou même antérieure à celle-ci. La loi qui subordonne chronologiquement la moelle au cerveau ne serait donc pas absolue ; il faut admettre qu'elle subit une exception commune en ce qui concerne les noyaux sensitifs ou encéphaliques. Ceux-ci deviendraient plus impressionnables que les hémisphères à l'agent anesthésique. »

En parlant de l'analgésie de retour, Dastre est également conduit à admettre que le cerveau s'exonère avant la moelle.

Or tous ces phénomènes s'expliquent sans créer de contradiction entre le phénomène de l'analgésie et la loi de l'envahissement du système nerveux par l'anesthésie, ainsi que la loi du retour des fonctions. Nous savons, en effet, que *les différentes fonctions reparaissent dans l'ordre inverse de leur disparition*, et cette loi s'applique non seulement aux fonctions cérébrales et médullaires prises en bloc, mais aussi à chaque catégorie de mouvement et à chaque mode de sensibilité pris isolément. La moelle qui se prend après le cerveau, s'exonère avant le cerveau. Or l'analgésie est un des premiers symptômes à apparaître et l'un des derniers à disparaître. Elle apparaît au moment où la moelle est encore indemne et l'analgésie de retour persiste alors que la moelle est déjà complètement affranchie de l'action anesthésique.

*L'analgésie toxique est un phénomène cortical.*

Toutes ces expériences présentent un grand intérêt à notre point de vue. Elles démontrent, en premier lieu, que le sens de la douleur possède un centre distinct des autres centres percepteurs. Elles démontrent en outre implicitement que *l'analgésie* ne peut être due à une interruption des sensations dolorifiques dans une station intermédiaire du système nerveux, mais bien à une abolition de la perception même. L'analgésie est de fait un phénomène qui coïncide avec le début de l'envahissement du cerveau et qui précède l'abolition des autres modes de sensibilité et du mouvement volontaire. Le centre cortical de la douleur est donc situé dans les hémisphères cérébraux.

Notons encore que la sensibilité à la douleur disparaît aussi la première dans la cocaïnisation générale.

*Cocaïnisation de la moelle (procédé de Bier).* — La sensibilité à la douleur disparaît avec la conservation de la sensibilité tactile.

*Influence de la fatigue intellectuelle.* — Les premières recherches à cet égard sont dues à Vannod (1897), qui s'est posé la question de savoir si la fatigue intellectuelle exerce une influence sur la perception des sensations douloureuses. L'auteur examina parallèlement la sensibilité tactile et la sensibilité dolorifique des élèves avant et après les classes, en se servant d'un esthésiomètre et d'un algésimètre à poids. La fatigue intellectuelle produit des effets opposés sur la sensibilité tactile et sur la sensibilité à la douleur ; tandis que la première est atténuée, la seconde est exaltée. La fatigue intellectuelle produit donc de l'hypoesthésie accompagnée d'hyperalgésie. L'auteur rappelle à ce propos la définition de l'hyperesthésie donnée par Weir Mitchel : « L'hyperesthésie est une exaltation de la sensibilité à la douleur qui peut coïncider et qui coïncide ordinairement avec une diminution de l'acuité du toucher ou même avec l'obscurcissement complet de cette faculté. »

Ces expériences furent reprises récemment aux États-Unis par Edgar Swift (1900) qui, en se servant de l'algomètre temporal de Mac Donald, mesura le seuil de la sensibilité à la douleur des élèves avant et après les classes, puis après un congé de dix jours. Le travail intellectuel produit une hyperalgésie manifeste. La fatigue intellectuelle, mesurée à l'algésimètre, produit une influence plus considérable sur les jeunes enfants que sur les jeunes gens. Les jeunes gens de 14 à 20 ans présentent des oscillations bien moins accentuées que les garçons et les filles de 10 à 14 ans. Les filles sont plus sensibles que les garçons et ressentent davantage les effets de la fatigue intellectuelle.

Les expériences des auteurs mentionnés n'ont porté que sur les enfants des écoles. Nous les avons refaites sur nous-mêmes. Nous avons examiné la sensibilité dolorifique de l'avant-bras pendant vingt jours consécutifs, le matin et le soir, après toute une journée de travail intellectuel. Nous avons constaté une légère hyperalgésie. Mais à côté de ces expériences journalières, nous avons pu encore mesurer notre sensibilité dans certaines circonstances où la fatigue intellectuelle était poussée beaucoup plus que de coutume et était accompagnée d'un état psychique particulier. Dans ces cas il y a hypoalgésie.

Ainsi, la fatigue intellectuelle modérée, mais déjà très appréciable, produit de l'hyperalgésie, alors qu'une fatigue extrêmement prononcée produit

de l'hypoalgésie. Il paraît très probable que l'hyperalgésie constatée chez les enfants sous l'influence
de la fatigue intellectuelle est due précisément au
peu d'intensité de leur fatigue. Une grande fatigue
intellectuelle ne peut être réalisée que par un grand
effort de la volonté ; aussi ne l'observe-t-on pas chez
les jeunes enfants, suivant la remarque de Charcot.

Cette dissociation des deux sensibilités est inté·
ressante. Il est certain que les variations du tact
relèvent d'une autre cause que les variations de la
sensibilité à la douleur. L'anesthésie tactile est due
à l'atténuation de l'attention sous l'influence de la
fatigue intellectuelle. L'hyperalgésie est l'effet d'un
état d'irritation presque maladive du système nerveux, qui s'établit après de grands efforts de l'attention. Quant à la cause directe de cet état d'irritation,
nous croyons pouvoir le rattacher à l'anémie cérébrale qu'on constate dans la fatigue intellectuelle
(bâillements). D'autre part, on sait, par les expériences faites sur les animaux, que l'anémie expérimentale du cerveau est extrêmement douloureuse.

La sensibilité à la douleur est fortement diminuée
dans l'inanition et l'épuisement, ce qui cadre bien
avec l'atténuation de la sensibilité dolorifique dans la
fatigue intellectuelle. Tous ces processus s'accompagnent d'un certain degré d'anémie cérébrale.

Sur vingt ouvriers travaillant aux machines-outils
à Remicourt (province de Liège) dans les ateliers
de M. J. Mélotte (écrémeuses), I. Ioteyko a constaté
une augmentation de la sensibilité dolorifique après
la journée de travail. Cette hyperalgésie, qui coïncidait avec un allongement du temps de réaction, peut
être attribuée à une légère fatigue des centres ner-

veux. La nuit de repos était suffisante pour faire disparaître ces effets de la fatigue.

*Dissociations périphériques. Influence locale du chaud et du froid.* — Le froid engourdit le sens de la douleur : sous l'influence de la chaleur, il y a hyperalgésie, mesurée à l'algésimètre (I. Ioteyko et M. Stefanowska).

*Action du menthol sur les nerfs cutanés.* — C'est à Goldscheider que nous devons l'introduction du menthol dans l'étude de la psychologie de la peau. Le menthol a acquis une certaine popularité sous la forme du « crayon antimigraine » ; il suffit de se frotter pendant quelques instants le front avec un crayon menthol-lanoline pour éprouver une sensation de froid très intense. On pourrait croire que cette sensation est due à l'évaporation du menthol, qui agirait, comme l'alcool ou l'éther, en application locale, en produisant le froid par soustraction de calorique à la peau. Il n'en est rien cependant. Goldscheider a montré, en effet, que la température locale de la région mentholisée ne subit aucun abaissement. Au contraire, il arrive même que la température locale s'élève légèrement à la suite du frottement de la peau, et pourtant la sensation de froid apparaît tout aussi nette.

Le frottement produit par un crayon de lanoline pure amène aussi une élévation de température de 1 à 2°. D'ailleurs, la sensation de froid se produit tout aussi bien si l'on empêche l'évaporation du menthol. L'auteur explique la sensation de froid par l'excitation chimique des nerfs du froid par le menthol. Le menthol aurait la propriété remarquable d'agir chimiquement sur les nerfs du froid et de les

hyperesthésier à tel point qu'ils réagissent par une
sensation de froid (suivant la loi de l'énergie spécifique des organes des sens). Ce qui vient encore
confirmer cette opinion, c'est que les nerfs mentho-
lisés réagissent aussi par une sensation de froid au
simple contact. Ainsi l'attouchement de la région
mentholisée est suivi d'une sensation de froid très
intense, même par les objets qui ne sont pas froids,
ainsi par les doigts du sujet même. Le doigt porté à
la région mentholisée semble être un doigt de glace.
Cette sensation de froid est poussée à son plus haut
terme dans le contact avec les métaux. D'ailleurs
cette hyperesthésie pour le froid se laisse mesurer
directement par un abaissement du seuil de la sensation de froid, grâce aux mesures faites par l'excitateur punctiforme de Goldscheider, et aussi par une
augmentation de l'intensité de la sensation pour le
même seuil.

Cette action excitante du menthol sur les nerfs du
froid est tellement forte qu'elle peut rendre la sensibilité aux nerfs rendus artificiellement insensibles.
Ainsi, l'acide phénique produit une anesthésie complète du sens de la température ; mais la sensibilité
au froid est recouvrée sous l'action du menthol.

Le menthol conduit les nerfs du froid à un état
qui est tout le contraire du refroidissement. Sous
l'influence du froid, l'excitabilité au froid diminue ;
un objet froid paraît indifférent pour la peau refroidie. Nous venons de voir que le menthol excite au
contraire les nerfs du froid, au point qu'ils réagissent par une sensation spécifique de froid au simple
contact.

Il arrive quelquefois que l'application du menthol

est accompagnée de picotements, et même de brûlure, au point de devenir douloureuse. Goldscheider pense que le menthol n'agit pas exclusivement sur les nerfs du froid, mais qu'il agit aussi sur les nerfs du chaud : seulement on a l'habitude de l'appliquer au front en raison de la peau délicate de la région. Or il se trouve que le front est une région où les nerfs du froid sont en prédominance sur les nerfs du chaud. Mais si l'on choisit une région où ce rapport est renversé (paupières), on obtient une sensation de chaud très nette.

D'après Goldscheider, l'action finale du menthol est une diminution des sensibilités ; le sens de la température est presque complètement aboli (paralysie des nerfs après excitation) ; la douleur et le tact sont diminués, mais non abolis.

Nous avons étudié l'action du menthol sur le sens de la douleur, mesurée à l'algésimètre. Cette étude est intéressante, parce que le menthol est employé communément comme crayon anti-migraine ; il possède donc les propriétés analgésiantes. Or, cette action analgésiante nécessite aussi une explication. Du moment que le menthol ne produit pas de refroidissement, ce n'est pas par soustraction de calorique qu'il agit en insensibilisant les nerfs de la douleur. Il est probable que les nerfs de la douleur ne peuvent bien fonctionner à une température basse. Ceci explique l'action calmante de la réfrigération (application de glace, pulvérisation d'éther). Mais nous venons de voir que le menthol ne produit pas de réfrigération. Son action analgésiante ne peut donc être que d'ordre chimique.

Les expériences ont été faites sur quinze personnes. On examine la sensibilité à la douleur au moyen de l'algésimètre et la sensibilité tactile au moyen de l'esthésiomètre appliqués à la tempe. On frictionne ensuite la tempe avec le crayon menthol-lanoline et on réexamine la sensibilité. Le sens du froid est évalué par la sensation spécifique de froid ressentie après le frottement de la peau au moyen du menthol. Ces expériences nous ont permis de formuler les conclusions suivantes ;

1° Le menthol exerce une action analgésiante manifeste. Cette action est moins prononcée pour une friction de courte durée que pour une friction plus intense et plus longue (par exemple pendant une à deux minutes).

2° On n'a jamais observé une exaltation de la sensibilité à la douleur sous l'influence du menthol, à aucune phase de l'expérience ;

3° La diminution de la sensibilité à la douleur *précède* l'apparition du froid, ce qui montre que le menthol agit tout d'abord sur les nerfs de la douleur en les déprimant, et quelque temps après il agit en excitant les nerfs du froid ;

4° Quand la sensation de froid est à son maximum, l'analgésie est aussi à son maximum ;

5° La sensation de froid diminue et disparaît presque en même temps que l'analgésie. Mais la disparition de l'analgésie est un retour à l'état normal, tandis que la disparition de la sensation de froid est l'indice de la cessation de la phase d'excitation, et celle-ci est suivie d'une phase de paralysie des nerfs thermiques. Nous pouvons en conclure que l'action du menthol sur les nerfs de la douleur (toujours déprimante) *débute plus tôt* et *cesse* aussi *plus tôt* que l'action exercée sur les nerfs de la température ;

6° La présence du picotement n'empêche en rien l'action analgésiante du menthol ;

7° Le menthol agit aussi sur les nerfs de la sensibilité tactile, qui perd de sa finesse, mais cette action peut manquer dans certains cas et ne se produit que quand la mentholisation est très intense.

Nous obtenons donc, sous l'influence de la mentholisation, une dissociation très nette des quatre sens cutanés : *a*) le froid, *b*) le chaud, *c*) le tact, *d*) la douleur.

L'influence du menthol sur les nerfs de la douleur est la plus précoce, puis vient l'excitation des nerfs du froid, en troisième lieu l'action déprimante sur les nerfs du tact, et, en quatrième lieu, et seulement quand la mentholisation est très prononcée, une action sur les nerfs de chaud, ce qui se traduit par des picotements et même par une sensation de brûlure.

La dissociation que nous venons d'étudier plaide en faveur de l'origine spécifique des quatre catégories des nerfs. *Le menthol est un excitant* énergique pour les nerfs du froid et les nerfs du chaud (bien que son action sur ces deux catégories de nerfs ne soit pas simultanée), *un déprimant* pour les nerfs de la sensibilité tactile et dolorifique.

La différence en question peut être expliquée aussi bien par une inégalité dans le seuil d'excitabilité de ces divers nerfs par le menthol que par la situation différente de ces nerfs dans la peau. Les nerfs de la sensibilité à la douleur sont considérés comme formant la couche la plus superficielle (von Frey, Thunberg) ; la deuxième couche de nerfs serait constituée par les nerfs du froid, et la troisième couche par les nerfs chauds. Cette localisation trouve un appui dans nos expériences sur le menthol.

*Autres procédés d'anesthésie locale.* —La sensibilité à la douleur disparaît aussi la première dans la cocaïnisation locale et dans l'*anesthésie locale par le procédé de Schleich.* Dans tous ces cas, le malade sent tous les contacts, mais non la douleur. En général, dans toutes les circonstances qui amènent la disparition de la sensibilité, la sensibilité à la douleur disparaît avant la sensibilité tactile.

III. Dissociations pathologiques. — *Analgésie.* —
Le mot analgésie est réservé à l'état caractérisé par l'insensibilisation à la douleur coïncidant avec la conservation plus ou moins complète des autres sensibilités tactiles. Le mot fut employé pour la première fois par Flemming (1833), puis par Beau (1878). L'analgésie pathologique s'observe principalement dans trois états morbides : l'hystérie, la syringomyélie et l'hypnotisme.

*L'analgésie de l'hystérie.* — Parmi les stigmates de l'hystérie, les stigmates sensitifs occupent une place des plus importantes. Ils sont représentés par des anesthésies, des hyperesthésies, des dysesthésies, des analgésies. Mais de toutes ces altérations permanentes de la sensibilité, les plus importantes sont les anesthésies et les analgésies. Il ne nous appartient pas de décrire ici ces troubles en détail. Un court aperçu suffira.

L'anesthésie hystérique (ou plutôt l'analgésie, pour employer la terminologie moderne) était bien connue au moyen âge des juges et des magistrats qui, dans les procès de sorcellerie, recherchaient avec soin sur leurs victimes les *marques des sorciers (stigmata diaboli)*. Ils désignaient ainsi une partie des téguments au niveau desquelles la sensibilité était tellement émoussée qu'on y pouvait enfoncer des épingles sans que le sujet ressentit aucune douleur. En 1872, Charcot étudia le phénomène et montra son extrême importance pour le diagnostic de l'hystérie. L'anesthésie hystérique peut porter sur toutes les sensations. Elle peut intéresser isolément ou simultanément tous les modes de la sensibilité générale (tact, sensibilité à la douleur, à la chaleur, au froid, au courant électrique) ainsi que les sensibilités spéciales (sens musculaire, olfactive, gustative, visuelle et auditive). Superficielle ou profonde, totale ou partielle, elle peut siéger sur toute ou partie de l'étendue du tégument cutané et des muqueuses. L'anesthésie se retrouve à des degrés divers chez la très grande majorité des hystériques.

*L'anesthésie cutanée* peut être totale et alors elle est caractérisée par l'abolition de toutes les sensations qui siègent dans la peau. Les contacts, les piqûres, les brûlures, les applications de corps froids ne sont plus perçues. Cette anesthésie, au lieu d'être totale, peut être partielle, autrement dit *dissociée*. Certains sujets perçoivent très nettement le simple contact des corps étrangers, mais sont insensibles aux excitations douloureuses ou bien aux excitations douloureuses et thermiques. Cette *thermoanesthésie* simule la syringomyélie. Ch. Richet a montré, en 1877 (expériences répétées depuis par Binet), que, chez certains hystériques, la sensibilité électrique était parfois conservée, alors que la sensibilité aux douleurs traumatiques et thermiques est abolie. La perte isolée des sensations *tactiles* est rare. L'anesthésie complète, l'hypoesthésie et l'analgésie sont les modalités les plus communes.

La distribution topographique des anesthésies hystériques est très intéressante. L'anesthésie se montre rarement généralisée à toute l'étendue du tégument et des muqueuses. Le plus souvent elle est *partielle*; ses localisations peuvent être ramenées à trois types principaux : 1° l'*hémianesthésie;* 2° la disposition en *segments géométriques;* 3° en *états disséminés.* Notons ce fait intéressant, que l'hémianesthésie affecte de préférence *le côté gauche* du corps. Il y a peut-être là quelque relation avec l'anesthésie dolorifique constatée à l'état normal et avec l'hypothèse d'un centre de la douleur (voir p. 102).

Quant à l'interprétation du mécanisme des anesthésies hystériques, il faut avant tout éliminer l'hypothèse d'une lésion organique des centres nerveux. Et pourtant il est hors de doute que c'est à une cause centrale qu'il faut attribuer ces anesthésies. Parmi les explications, la plus ingénieuse est certainement celle qu'a proposée Pierre Janet. L'anesthésie hystérique, dit Pierre Janet, est une espèce de *distraction.* La distraction, chez l'homme normal, produit, en effet, des phénomènes analogues à ceux de l'anesthésie des hystériques. Elle nous empêche de voir un objet que nous tenons à la main, d'entendre la sourde rumeur d'une grande ville et de sentir les contacts, la pression des vêtements que nous portons. Lorsqu'elle est intense, elle peut nous empêcher de percevoir des impressions violentes. Pascal oubliait de vives douleurs en poursuivant la solution d'un problème. De fait, les hystériques ont des distractions considérables. On peut facilement faire naître en elles, en détournant leur attention, des insensibilités *momentanées* qui ont tous les caractères de leurs anesthésies permanentes habituelles.

Cependant, le stigmate permanent, l'anesthésie hystérique, ne saurait être assimilé entièrement à une distraction pure et simple. Elle a plus de durée, plus de netteté ; elle existe sans que l'attention du sujet soit captivée par une idée fixe ou quelque objet extérieur ; elle ne disparaît pas dès que le sujet le désire, comme le font les insensibilités passagères qui accompagnent la distraction chez un individu normal. Pour bien comprendre la différence, il faut avoir présent à l'esprit le mécanisme psychique de la *perception des sensations*. On peut se représenter la sensibilité comme un phénomène à deux temps. Le premier temps est celui de la *sensation élémentaire*. Le deuxième temps est celui de la réunion, de la synthèse de ces sensations élémentaires avec la notion vaste de la personnalité, la conscience *du moi*. C'est la perception personnelle.

Supposons un malade dont l'activité mentale est affaiblie, dont le champ de conscience est en quelque sorte rétréci au point qu'il ne peut plus percevoir à la fois qu'un très petit nombre de sensations ; ce sujet négligera peu à peu de saisir les sensations les moins importantes pour ses fonctions habituelles, les sensations tactiles, par exemple, et réservera celles plus indispensables de l'ouïe et de la vue. Durant une certaine période, il sera encore capable de se tourner pour ainsi dire vers ces sensations négli-

gées et de les reprendre momentanément dans le
champ de sa perception personnelle lorsque son
attention sera attirée sur elle ; mais à la longue,
« la mauvaise habitude psychologique » est prise, et
un jour vient où il ne sait plus décidément les percevoir consciemment ; on le pique au bras et, à sa
grande surprise, il n'a pas senti la piqûre. Après
avoir été un distrait à l'égard de ces sensations, il
est devenu anesthésique. L'anesthésie des hystériques est donc un symptôme de faiblesse, d'incapacité mentale ; elle est la conséquence du rétrécisse-
ment du champ de la conscience. Elle consiste dans
l'affaiblissement de la perception *personnelle*, qui se
limite à un certain ordre de sensations, à l'exclusion
des autres. Les autres sensations imperçues restées
à l'état subconscient sont cependant réelles, persistent et agissent et prennent part, mais à l'insu du
sujet, au *fonctionnement automatique de son esprit*.

L'hystérie a été, pour les médecins, une source
inépuisable d'observations psychologiques du plus
grand intérêt. Mais, malgré tous les travaux qui ont
été faits dans ce domaine, il ne faudrait pas croire
que la source est tarie. Avec les nouvelles idées
qu'on s'est formées sur les sens cutanés et avec les
nouveaux instruments d'exploration, un véritable
champ d'études s'ouvre sur l'hystérie.

Ces nouvelles données, qu'on ne tardera certes pas
à recueillir, auront le double avantage de fournir des
éléments plus précis sur le diagnostic de l'hystérie
et de donner à la psychologie des renseignements
précieux sur l'identité des sens cutanés.

*Syringomyélie.* — Les troubles de la sensibilité
dans la syringomyélie, auxquels Charcot a donné le

nom de *dissociation syringomyélique*, sont : 1° la *thermo-anesthésie* ; 2° *l'analgésie*, coïncidant avec la conservation de la sensibilité tactile.

La thermo-anesthésie est caractérisée par l'insensibilité pour le froid et le chaud. Elle peut être plus ou moins complète. On la décèle à l'aide d'instruments appelés *thermo-esthésiomètres*. Le plus pratique de ces instruments est celui qui a été construit sur les indications de Charcot et qui consiste en un thermomètre de surface, dont le réservoir est inclus dans un manchon métallique rempli de limaille de cuivre destinée à conserver plus longtemps la température à laquelle on le porte en l'exposant à la flamme d'une lampe à alcool.

On rencontre quelquefois une. perversion du sens thermique : le chaud paraît froid et le froid paraît chaud. Mais en général le trouble de la sensibilité au froid est superposable au trouble de la sensibilité à la chaleur.

La thermo-anesthésie occupe le plus souvent les membres ou des segments de membre, on encore des portions du tronc. Elle affecte une disposition identique à celle qu'affecte l'anesthésie des hystériques. Elle se distribue sous forme de gant, de manchette, de manche, de bas, etc. Elle est quelquefois symétrique.

L'analgésie est souvent complète, c'est-à-dire que les excitations qui devraient produire la plus vive douleur sont perçues simplement comme contact. Mais elle peut être aussi relative (hypoalgésique). L'analgésie est quelquefois très profonde, au point que l'on peut ouvrir des abcès sans que le malade accuse la moindre douleur. Comme distribution, elle

est généralement superposable à la thermo-anesthésie, mais il n'en est pas toujours ainsi.

En règle générale, la sensibilité au contact reste
indemne.

L'analgésie de la syringomyélie, affection qui porte
sur l'axe gris de la moelle, plaide en faveur de la
transmission des impressions dolorifiques par la substance grise de la moelle.

*Hypnotisme.* — Dans l'hypnotisme, il y a aussi parfois de remarquables phénomènes d'analgésie. On a
pu faire de longues opérations pendant le sommeil
hypnotique, et aussi des accouchements. On a pu
constater dans ces cas l'analgésie complète coïncidant avec la conservation de la sensibilité tactile.

Dans ses expériences sur l'hypnose chez les grenouilles, M. Stefanowska a mesuré l'analgésie au
moyen de l'algésimètre de Chéron. Une grenouille
à l'état de réveil réagit énergiquement à la plus
légère piqûre de l'instrument. Une grenouille en-
dormie ne réagit pas même par 50 divisions (tour
du cadran). La peau est transpercée dans ces expériences.

*Paralysies.* — Les paralysies de la sensibilité présentent quelquefois aussi le phénomène de dissociation. Nous citerons un cas des plus intéressants, qui,
mieux que la syringomyélie et les autres formes morbides, plaide en faveur de l'existence des nerfs spécifiques pour la douleur. Dans les cas précédents,
l'analgésie coïncidait, en effet, avec la thermo-anesthésie. Il s'agit ici d'une paralysie de la face interne
du bras gauche (observation de Barker), région du
nerf médian. Cette partie du bras est insensible au
contact et aux excitations thermiques, mais *elle est*

*sensible aux excitations douloureuses* (piqûre). Un froid léger et une chaleur légère ne sont pas sentis ; mais un froid intense et une chaleur dépassant 50° sont sentis comme une douleur. C'est là une preuve que les excitations thermiques excitent à partir d'une certaine limite les organes qui servent aux sensations de douleur, et cette excitation est accompagnée d'une sensation de douleur pure, sans sensations thermiques. Le nombre de points de douleur est diminué sur la région en question et ces points ont une sensibilité inférieure à la normale. Sur certains endroits on peut rencontrer plusieurs millimètres carrés où il n'y a aucun point de douleur. La cause de cette insensibilité de la peau est l'existence d'une côte surnuméraire qui exerce une pression sur les nerfs du bras.

On saisit toute l'importance des observations de ce genre. Maintenant que l'éveil est donné, la douleur thermique doit être recherchée avec soin dans tous les cas.

# CHAPITRE VIII

## SIGNES DE LA DOULEUR

Concomitants physiques de la douleur. — Influence de la douleur
sur la chaleur animale. — Influence de la douleur sur les mouvements du cœur et la tension artérielle. — Expériences de Mantegazza, de Fr. Franck, de Colucci. — Influence de la douleur
sur la respiration. — Influence de la douleur sur les sécrétions,
la digestion et la nutrition. — Influence de la douleur sur les
muscles et sur le système nerveux. — Le choc chirurgical.


Ce qui complique le problème, c'est que les excitations qui produisent la douleur produisent aussi
des phénomènes réflexes, qu'on a appelés des réflexes de la douleur. Bien que Mantegazza ait affirmé
que les différentes manifestations de la douleur, telles
que cris, changements dans la circulation et la respiration, etc., sont dues au phénomène douleur, il
est impossible d'accepter cette opinion, du moins
dans tous les cas, car ces divers phénomènes réflexes se produisent encore quand l'encéphale a été
enlevé, et que, par conséquent, il n'y a pas de douleur perçue par la conscience. Les signes de la douleur ne sont en réalité que les *concomitants physiques
de la douleur*. Comme tels, ils méritent le plus grand

intérêt. Ils ne sont pas forcément liés à l'existence
même de la douleur, car les individus très courageux
peuvent supporter des douleurs très vives sans trahir
d'aucune façon la douleur qu'ils ressentent. Le courage des Spartiates était proverbial dans l'antiquité.
Les anciens chirurgiens, au temps où l'anesthésie
générale était inconnue, ont tous rapporté des récits
de longues opérations dans lesquelles le patient ne
laissait pas échapper une plainte.

Vulpian a enlevé le cerveau à des rats et pourtant ils avaient un tressaillement à chaque coup de
sifflet.

Les auteurs américains ont signalé le cas extraordinaire et unique d'un individu qui n'avait jamais
ressenti aucune douleur physique (Strong, 1895). Cet
homme, parvenu à un âge assez avancé, pouvait impunément se faire à lui-même des mutilations graves.
On l'opéra de la cataracte, sans qu'il fît le moindre
mouvement. Ce fait doit être évidemment rattaché
aux cas d'analgésie hystérique.

I. INFLUENCE DE LA DOULEUR SUR LA CHALEUR ANI-
MALE. — Mantegazza observa une diminution notable
de la température, diminution atteignant chez le lapin en moyenne 1° 27 C. La température diminue
aussitôt dans la première minute de la douleur et
atteint son point le plus bas dix ou vingt minutes
après qu'elle a cessé. Si la douleur ne s'accompagnait
pas de violentes contractions musculaires, la diminution de la température produite par la douleur
chez le lapin serait encore plus notable. La douleur
produit chez la poule une diminution de température
de 1°37 C. en moyenne.

Cinq années après Mantegazza, Heidenhain a institué des recherches pour trouver l'action de l'irritation des nerfs spinaux sur la température animale et est arrivé aux mêmes résultats.

II. Influence de la douleur sur les mouvements du cœur et la tension artérielle. — Schiff parle brièvement de la douleur dans ses premières leçons de physiologie expérimentale ; si la douleur est faible les battements cardiaques se précipitent; si elle est forte, au contraire, ils diminuent et peuvent cesser pendant trois ou quatre pulsations et même plus jusqu'à la syncope. Paolini trouve qu'après la section des pneumogastriques, le cœur ne s'arrête plus par la galvanisation et les lésions de la moelle allongée, ni par les autres causes douloureuses. Criconia étudie la douleur chez les grenouilles et il trouve que la contusion du nerf sciatique n'exerce aucune influence, tandis que l'irritation douloureuse de la peau des extrémités, occasionnée par l'acide sulfurique, produit de violentes contractions générales et une accélération des pulsations cardiaques. Lussana affirme qu'une violente douleur morale peut produire la syncope et qu'une douleur physique entraîne le ralentissement du cœur et même son arrêt.

Cl. Bernard a fait avec Magendie des expériences sur les effets cardiaques des excitations douloureuses ; en posant un hématomètre sur l'artère du chien et en excitant rapidement un nerf sensitif, on voit la colonne de mercure s'arrêter et même descendre légèrement. Immédiatement les battements disparaissent après l'arrêt du cœur en diastole, et le mercure s'élève de plusieurs centimètres pour redescendre ensuite lorsque le cœur calmé a repris son rythme normal. Sur le pigeon épuisé par l'inanition, il suffit quelquefois de produire une douleur vive, en piquant un nerf sensitif, pour arrêter le cœur et produire une syncope mortelle.

Mantegazza arrive dans ses expériences aux conclusions suivantes :

Les grenouilles ressentent la douleur d'une autre façon que les animaux supérieurs, et, pour pouvoir en étudier l'influence sur les mouvements du cœur, il faut provoquer des douleurs excessivement violentes. Les fortes douleurs chez les grenouilles amènent une diminution de nombre et de force dans les pulsations du cœur. La diminution des pulsations du cœur sous les douleurs atroces se vérifie aussi chez les animaux profondément éthérisés. Ce fait est très important, car il est contraire à ce qui se produit sur les animaux supérieurs.

Dans l'extirpation du cerveau, les battements diminuent sous l'influence des douleurs non ressenties. La douleur diminue la fréquence des pulsations du cœur chez le lapin, le rat et la poule.

Les douleurs légères et très fugaces peuvent produire une légère augmentation dans les battements du cœur chez le lapin, mais l'augmentation est due aux contractions musculaires et non à la douleur. Chez le lapin, une minute, cinq minutes, dix minutes de douleur atroce peuvent faire perdre au pouls de 36 à 144 battements à la minute. Un lapin très faible peut mourir de douleur par arrêt des mouvements du cœur. Le cœur du lapin vieux ressent une influence moindre que celui du lapin jeune.

Les rats et les poules ressentent aussi profondément la douleur et présentent une diminution des battements cardiaques.

L'action déprimante de la douleur ne se fait plus sentir lorsque les pneumogastriques sont coupés. La coupure d'un seul pneumogastrique ne diminue en rien l'action de la douleur sur le cœur. Chez les animaux rendus insensibles par l'éthérisation, la dilacération des nerfs n'a aucune action sur la fréquence des mouvements du cœur. L'anesthésie périphérique produite par l'application locale du froid ou par la ligature des vaisseaux rend le cœur tout à fait insensible à l'action des blessures. L'anesthésie des extrémités produite par la section de la moelle épinière rend absolument nulle l'action de la torture des nerfs sur le cœur; preuve que les filets du grand sympathique qui accompagnent les vaisseaux ne transmettent aucune action réflexe aux mouvements du cœur, lorsque l'on déchire les extrémités d'un animal.

Lorsque le nerf, par un moyen quelconque, est rendu incapable de transmettre la douleur, la torture mécanique n'exerce aucune action sur le cœur; signe certain, d'après Mantegazza, que, dans une torture quelconque, *la sensation de la douleur* est l'unique élément qui influe sur les centres nerveux et par eux sur le cœur (1).

L'étude sphygmographique de la douleur faite sur l'homme montre les modifications suivantes survenues dans l'état du pouls : *a*) hauteur moindre de la période ascensionnelle ; *b*) diminution de la régula-

(1) Ce raisonnement ne peut plus se soutenir aujourd'hui. Le nerf qui ne transmet pas la douleur est anesthésié en même temps à l'égard de toutes les autres sensibilités (action locale des anesthésiques, etc.), et alors *aucune excitation ne peut passer.* Les réflexes de la douleur sont non existants dans ce cas.

rité dans la forme des pulsations ; *c*) ascension moins verticale de la ligne ascendante ; *d*) diminution du dichrotisme. Les douleurs fortes et de courte durée, produites artificiellement chez l'homme, tantôt augmentent et tantôt diminuent le nombre de battements du cœur. Il est probable que l'augmentation est due aux contractions musculaires irrésistibles qui accompagnent toujours la douleur.

Mantegazza s'étant adressé à Marey pour connaître son opinion au sujet des modifications sphygmographiques du pouls, voici la réponse de l'illustre physiologiste français :

« ... Je connais peu l'influence de la douleur sur les phénomènes circulatoires, mais, en me fondant sur ce que vous me dites dans votre lettre, je veux essayer de vous donner mon opinion sur la cause des phénomènes que vous avez observés. Le pouls, en devenant plus lent sous l'influence de la douleur, perd en même temps le dichrotisme et la verticalité de l'ascension. Ce sont là des signes très probables d'élévation de la tension artérielle et par là je serais porté à admettre *a priori* une contraction réflexe des petits vaisseaux qui mettrait obstacle à la circulation périphérique et ralentirait *secondairement* les battements du cœur.

« Mais pour acquérir une certitude relativement à la nature du phénomène, il faudrait avoir une preuve absolue de la tension artérielle au moment même où le pouls est moins fréquent. J'ai rapporté une expérience analogue, dans laquelle je démontre que l'action musculaire accélère les battements du cœur en diminuant primitivement la tension des artères.

« Sachant que vous avez mon livre sur la circulation du sang, je me permets de vous signaler ce chapitre. Vous y verrez comment l'emploi du manomètre m'a permis de résoudre la question dans le sens que je vous ai indiqué (chap. X). En outre, vous pourrez appliquer à l'artère d'un animal l'instrument décrit à la page 196 sous le nom de *sphygmoscope*, lequel, mis en rapport avec un enregistreur, donne simulta- nément la forme et la fréquence du pouls et les variations de tension des artères.

« Du reste, vous avez fait des expériences avec la section des pneumogastriques. Si elles vous avaient démontré que la section des pneumogastriques supprime l'influence de la douleur, il faudrait renoncer à mon interprétation ; cela pourtant m'étonnerait. Théoriquement, je suppose que la température des extrémités devrait, sous la douleur, d'abord diminuer et s'élever seulement plus tard. »

François Franck a étudié les effets cardiaques, vasculaires et respiratoires des excitations douloureuses (1876). On excite, avec des excitants variés, les principaux nerfs sensibles. Les excitations des narines du lapin, faites au moyen de l'ammoniaque, de l'acide acétique, du chloroforme, sont transmises au bulbe rachidien par le trijumeau. Le retentissement s'opère sur le cœur par l'intermédiaire des pneumogastriques et l'effet cardiaque est proportionnel à l'intensité de l'excitation. L'excitation de la portion sus-glottique de la muqueuse laryngée produit des arrêts du cœur et de la respiration très accentués. L'excitation des nerfs rachidiens et des racines rachidiennes a donné à Magendie et à Cl. Bernard des résultats confirmés par Fr. Franck : arrêts réflexes du cœur avec abaissement consécutif de la pression artérielle.

Fr. Franck a obtenu par l'excitation du péritoine sur les mammifères, des arrêts du cœur, en employant le procédé de Tarchanoff sur la grenouille (voir p. 26), l'inflammation préalable de l'intestin.

Toutes ces excitations périphériques passent par le bulbe rachidien pour retentir sur le cœur.

En cherchant à supprimer l'élément douleur, pour savoir s'il s'agissait d'un simple réflexe bulbaire, ou s'il était nécessaire que la douleur fût perçue, l'auteur a constaté qu'avec le chloroforme, le chloral, l'éther, la morphine, l'asphyxie, la réaction cardiaque faisait défaut; mais cette absence de troubles cardiaques réflexes est liée à la paralysie des nerfs pneumogastriques produite par ces divers moyens. La question ne peut donc être tranchée de cette façon. L'ablation des hémisphères cérébraux sur de jeunes animaux montrant que les troubles cardiaques persistent, nous permet peut-être de conclure (Fr. Franck) que la perception douloureuse n'est pas une étape nécessaire et que nous avons affaire à un acte réflexe simple.

Il faut, dans ces cas, avoir présente à l'esprit cette proposition de Cl. Bernard : « L'arrêt du cœur ou syncope peut succéder à toute action perturbatrice violente et subite, de quelque nature qu'elle soit. »

Richet a remarqué un phénomène du même ordre, à propos de l'iris. Celui-ci est encore contractile, chez des personnes chloroformées, immobiles, plongées dans une résolution complète et, par conséquent, insensibles. Si, sur un malade ainsi endormi, on excite fortement la sensibilité, aussitôt l'iris se dilatera. Il y a donc réaction sans douleur, et, de ce fait, Richet tire cette conclusion que l'arrêt du cœur, l'abaissement de la pression artérielle, la dilatation de l'iris coïncident avec la douleur, mais ne sont pas produites par elle.

On a constaté, du côté de la pression artérielle, à la suite des excitations douloureuses, des différences qui ont été attribuées à la participation du cerveau (Cyon). Mais, dit Fr. Franck, on semble n'avoir pas assez tenu compte pour expliquer ces différences, des variations parallèles de la fonction cardiaque, ceci s'appliquant spécialement au débit du cœur. Si aucune modification ne se produisait dans la fonction cardiaque, l'excitation réflexe des autres vaso-moteurs produirait le resserrement vasculaire généralisé et, avec lui, une élévation de la pression artérielle. Mais si la même excitation provoque un ralentissement considérable du cœur, la pression s'abaissera forcément dans le système artériel, malgré le resserrement vasculaire. Si, au contraire, le cœur, quoique ralenti, continue à envoyer une quantité de sang suffisante dans les artères, le resserrement vasculaire réflexe sera efficace à produire l'élévation de la pression artérielle.

Récemment, Colucci a étudié les marques vasculaires de la douleur physique chez l'homme. Il donne 25 observations accompagnées de tracés. La douleur physique produite par une piqûre d'épingle sur la peau, ou la douleur par excitation électro-faradique, ont une influence évidente sur le tracé sphygmographique. On peut noter le dicrotisme comme conséquence de la douleur physique. Il y a aussi des modifications du plateau du sphygmogramme. La réaction vasculaire à la douleur est presque toujours lente. Les diverses émotions pénibles (peur, crainte, doute), n'ont pas montré de différence de réaction qualitative appréciable. La vaso-contriction de la douleur physique persistante est presque toujours continuelle, plus uniforme, plus durable que celle qui est consécutive à un état émotif.

III. Influence de la douleur sur la respiration. — La douleur exerce une influence sur la partie mécanique et la partie chimique de la respiration.

Sous l'influence d'une douleur, la respiration offre généralement de grands désordres dans le rythme et la forme des mouvements (Mantegazza). La douleur entraîne presque toujours une augmentation du nombre des respirations ; après l'augmentation, il peut se produire une légère diminution.

L'homme qui souffre d'une façon intense émousse sa sensibilité et détourne son attention : 1° par arrêt volontaire de la respiration ; 2° par la prolongation ou l'interruption de l'inspiration ; 3° par la prolongation ou l'interruption de l'expiration. Les gémissements accompagnent d'ordinaire les mouvements respiratoires.

Dans son travail sur la révulsion cutanée, Léopold Mayer, en opérant sur le lapin, a observé que les révulsifs, en général (rigollot, pointes de feu), diminuent la fréquence et la profondeur du rythme respiratoire. En expérimentant sur l'homme, il a observé une diminution du nombre des respirations, qui deviennent plus profondes et moins régulières.

En ce qui concerne l'influence de la douleur sur le chimisme respiratoire, les expériences sont, en général, très difficiles à conduire, car l'animal s'agite. Mantegazza, en produisant des douleurs extrêmement violentes, trouva une diminution de l'exhalaison de l'acide carbonique. Quand les mouvements musculaires sont très violents, le résultat final est une augmentation de l'acide carbonique exhalé qui peut atteindre jusqu'à quatre fois son poids normal. En étudiant l'action des révulsifs, L. Mayer a vu sur le lapin la quantité d'acide carbonique décroître. Son travail contient la bibliographie du sujet.

Dans la pathologie respiratoire de la douleur, on distingue une forme de réaction avec grands mouvements et production exagérée d'acide carbonique, et une forme dépressive plus fréquente, accompagnant les douleurs un peu vives et continues avec mouvements faibles et diminution dans la production d'acide carbonique. L'intoxication carbonique qui en résulte produit une certaine anesthésie, qui protège l'organisme contre l'excès de douleur.

IV. INFLUENCE DE LA DOULEUR SUR LES SÉCRÉTIONS, LA DIGESTION ET LA NUTRITION. — La plupart des sécrétions, d'après Mantegazza, sont ralenties ou même arrêtées dans les douleurs très intenses. Cl. Bernard a constaté que les douleurs violentes arrêtent la sécrétion du suc gastrique. Toutes les fonctions de nutrition en éprouvent le contre-coup, et surtout dans les douleurs prolongées, comme celles des affections chroniques, la nutrition générale peut être profondément altérée, aussi bien par les troubles de la digestion que par insomnie. L'appétit finit à la longue par s'altérer ; par contre, une soif vive succède ordinairement aux crises douloureuses, soif causée en partie par la fièvre due à la douleur, en partie par l'augmentation de la transpiration cutanée. D'après Mantegazza et Griffini, l'influence de la douleur sur

l'appétit et la digestion se manifeste de la même façon chez les animaux. La sueur, la diarrhée peuvent
aussi accompagner la douleur. Quant à la sécrétion
des larmes elle est considérablement augmentée et
concourt, pour une grande part, à l'expression douloureuse (voir p. 141).

V. Influence de la douleur sur les muscles et
sur le système nerveux. — Il ne peut y avoir douleur
sans la contraction de quelque groupe de muscles.
En dehors de la mimique douloureuse (voir p. 141), on
peut observer des phénomènes convulsifs, la pâleur,
la rougeur de la peau, la chair de poule, la diarrhée
subite, la contraction de la vessie, des vomissements,
la dilatation de la pupille et d'autres phénomènes
moteurs concernant les muscles involontaires.

Du côté des muscles striés, il se fait une série de
mouvements de flexion des membres et du corps, un
pelotonnement de tout l'être comme s'il voulait offrir
moins de surface à la douleur. Ce rapetissement
peut être opposé à l'extension générale, à l'épanouis-
sement qui accompagne les sensations agréables. La
douleur peut parfois s'exprimer par des phénomènes
convulsifs.

Les effets de la douleur sur les centres nerveux
sont nombreux et variés, depuis la mort subite jusqu'à la folie. On a observé des cas de suicide par
douleur. D'autres effets de la douleur sur le système
nerveux peuvent être l'insomnie, l'hyperesthésie partielle ou générale, l'incapacité de penser, de vouloir;
les troubles divers des sentiments, l'insomnie. Des
cas d'aliénation mentale sous l'influence des douleurs
physiques très intenses sont cités par Ch. Richet dans

ses *Recherches expérimentales et cliniques sur la sen-sibilité*. Dupuytren a décrit un délire nerveux des opérés.

La sensibilité, sous toutes ses formes, peut être profondément troublée ; des douleurs sympathiques (*synalgies*) peuvent se montrer dans des régions plus ou moins éloignées des régions primitivement atteintes ; on peut aussi observer des troubles sensoriels et en particulier des troubles du côté de la vue. Enfin, les fonctions intellectuelles elles-mêmes peuvent être atteintes et le moral finit par s'altérer à son tour. Dans les affections douloureuses prolongées, le caractère change et s'aigrit ; le sentiment de la personnalité se développe et s'exagère en absorbant tout le reste ; le malade ne pense plus qu'à lui et à ses maux ; les sentiments altruistes font place à l'égoïsme le plus exigeant et le plus raffiné ; une mélancolie profonde s'empare peu à peu du malade et peut le pousser au suicide (Beaunis).

Mais la douleur ne se traduit pas seulement par des phénomènes d'excitation ; elle peut s'exprimer aussi par des phénomènes de dépression, d'inhibition. C'est ainsi qu'après les grandes blessures, les opérations graves, on constate une dépression générale, une prostration profonde qui atteint toutes les forces de l'organisme et qu'on a appelée *choc chirurgical*. C'est à ces actions inhibitrices qu'il faut rattacher l'arrêt du cœur et la syncope qui s'observent dans certaines crises, la torpeur morale et intellectuelle qui suit quelquefois les grandes douleurs, véritable sidération qui peut se terminer par la mort quand l'organisme a été profondément atteint.

# CHAPITRE IX

## LA MIMIQUE DOULOUREUSE

Rôle des muscles sourciliers (Duchenne de Boulogne). — Leçons de Fr. Franck au Collège de France. — L'expression faciale. — La grimace. — Traits convulsés ou immobilisés. — Études de Darwin sur le mécanisme des rides du front. — La douleur dans l'art. — Analyse des éléments de l'expression douloureuse (Mantegazza). — Le cri. — Les larmes. — Le soupir.

Dans les manifestations de la douleur, les réactions musculaires viennent en première ligne. Les plus frappantes sont l'*expression faciale* et le *cri*.

Lavater, dans sa *Bible physiognomonique*, dit à peine quelques mots sur la douleur, en étudiant la *Madeleine* et l'*Ecce Homo*. On trouve plus de détails dans l'*Essai de physiognomonie et de pathognomonie* du docteur Giovanni Polli (Milan, 1837), à propos de l'étude des larmes comme expression de joie et de douleur, et surtout de la physionomie douloureuse.

L'étude scientifique de l'expression douloureuse commence avec Ch. Bell, Duchenne, Gratiolet, Piderit, Bain, Spencer, Mantegazza, Darwin. Ce dernier, dans son œuvre *l'Expression des émotions*, consacre deux chapitres à la mimique douloureuse.

Duchenne de Boulogne a montré (*Mécanisme de la*

*physionomie humaine*) que le rôle principal revenait au muscle sourcilier dans l'expression de la douleur. La plus légère contraction de ce muscle donne à la physionomie une expression de souffrance qui impressionne toujours vivement.

L'étude des expressions émotives chez l'homme sain, les aliénés, les enfants, les aveugles, les sourds-muets a fait l'objet des leçons de Fr. Franck au Collège de France, durant les années 1900-1901 et 1901-1902. Il a été l'un des premiers à appliquer la cinématographie à cette étude. Des démonstrations de haut intérêt en ont été faites au Congrès de physiologie de Bruxelles (1904).

L'expression faciale, si bien étudiée par les sculpteurs et les peintres, varie suivant l'intensité de la douleur. Dans la souffrance légère et surtout dans la souffrance prolongée comme dans celle de certaines maladies chroniques, les traits sont *tirés*, suivant l'expression vulgaire ; les coins de la bouche s'abaissent, la lèvre inférieure est légèrement rétractée et tirée en bas ; l'extrémité externe des sourcils s'abaisse, tandis que leurs extrémités nasales se relèvent et se rapprochent, déterminant ainsi sur le front et à la racine du nez des rides caractéristiques, ce qui donne à la face l'expression bien connue du chagrin.

Quand la douleur, quoique légère encore, est subite et inattendue, c'est plutôt une grimace rapide qui parcourt la face comme une sorte de tic convulsif variable suivant les individus (Beaunis) ; un retroussement brusque de la lèvre supérieure avec dilatation des narines et froncement des sourcils, une projection en dehors des coins de la bouche, un clignement de l'œil, etc.

Dans la douleur aiguë, violente, la scène change, dit Beaunis. Ce ne sont plus seulement quelques traits du visage qui se modifient ; c'est le visage entier qui exprime l'intensité du sentiment qui nous agite ; tantôt les traits sont convulsés et le masque s'immobilise dans une contracture absolue, les dents serrées, les yeux grands ouverts ; tantôt, au contraire, ce sont des convulsions rapides (*spasmes cloniques* des médecins) qui bouleversent la face et la défigurent par les plus violentes contorsions ; les lèvres frémissent, les dents grincent ; les yeux roulent dans leurs orbites, s'arrêtant parfois pour se fixer vers la terre ou se lever vers le ciel qu'ils semblent implorer ou maudire ; les prunelles sont largement ouvertes, les narines dilatées et palpitantes ; les cheveux se hérissent ; toute la face exprime l'angoisse et l'horreur poussées à leurs dernières limites ; en même temps les larmes coulent, les tempes battent, la sueur inonde le visage.

Darwin a étudié le mécanisme des rides du front et l'obliquité des sourcils comme signes mimiques de la douleur. Son explication est très ingénieuse : depuis l'enfance nous contractons en pleurant le muscle orbiculaire, les pyramidaux, ainsi que le releveur des sourcils pour protéger l'œil contre une congestion excessive. Dans la suite même, quand on ne pleure plus, sous l'influence de la douleur ces muscles continuent à se contracter légèrement, mais les muscles pyramidaux obéissent moins que les autres à notre volonté, et ils ne peuvent être contre-balancés dans leur contraction que par l'action antagoniste des faisceaux centraux du muscle frontal. Si ces faisceaux se contractent avec énergie, il se produit un tiraillement oblique au-dessus des sourcils et des rides rectangulaires dans le milieu du front. Ces muscles ont une telle importance dans la mimique de la douleur, que Darwin n'hésite pas à les nommer « muscles de la douleur ».

L'abaissement des angles de la bouche est aussi produit par les contractions des muscles abaisseurs des commissures buccales, muscles qui obéissent mal à notre volonté et que nous exerçons en pleurant dans notre enfance.

L'expression douloureuse était familière aux anciens sculpteurs grecs, ainsi que nous le voyons par les statues de Laocoon et d'Aretino. Mais, comme le remarque Duchenne, ils commettaient une erreur anatomique grave en faisant traverser toute la largeur du front par des rides transversales ; on en peut dire autant de certaines statues modernes. Il est plus vraisemblable de croire, cependant, dit Darwin, que ces artistes d'une perspicacité merveilleuse n'ont pas péché par ignorance, mais ont sacrifié volontairement la vérité à la beauté, car il est certain que des rides rectangulaires au milieu du front n'auraient pas fait grand effet sur le marbre.

La douleur est ordinairement personnifiée par une femme assise ou plutôt affaissée, le visage empreint d'une profonde tristesse, les yeux fondant en larmes, la tête couverte d'un long voile, tenant parfois une torche éteinte, mais qui fume encore, et ayant près d'elle une espèce d'urne sépulcrale.

Une statue colossale des plus remarquables, modelée par F. Christophe pour un tombeau, a figuré à l'Exposition universelle de Paris de 1855. Statue allégorique, dans laquelle une femme nue, assise sur un rocher et repliée sur elle-même, s'affaisse sous le poids de l'infortune ; elle cache son visage entre ses mains crispées et incline vers ses genoux sa tête voilée de longs cheveux. « Il a fallu beaucoup de science, d'énergie et de courage, a dit Th. Gautier, pour pétrir dans sa glaise antédiluvienne ce mastodonte humain, dont la gracilité actuelle semble s'être effrayée. Placez la statue de M. Christophe, coulée en bronze, sur un socle de granit, au sommet du Père-Lachaise, elle produira un fort majestueux effet et découpera fièrement à l'horizon sa silhouette démesurée. »

D'autres statues allégoriques méritent d'être signalées, entre autres celle de Perraud, *le Désespoir*, qui est l'un des chefs-d'œuvre de la sculpture contemporaine, une statuette de bronze *la Douleur*, de Préault, celle de Travaux, consacrée au même sujet, un basrelief de Cabet, un buste de David Angers représentant un homme dont les sourcils froncés, la bouche ouverte dénotent une vive souffrance. « La douleur aiguë, a dit Le Brun dans ses *Conférences sur les passions de l'âme*, fait approcher les sourcils l'un de l'autre, et les élève vers le milieu ; la prunelle se cache ; les narines s'élèvent et marquent un pli aux joues ; la bouche s'entr'ouvre et se retire. Toutes les parties du visage sont agitées plus ou moins, suivant le degré de la douleur ». P.-C. Levesque a gravé, d'après Le Brun, une figure de la *Douleur*. N'oublions pas les innombrables sculptures ornant les cimetières de tous pays, et particulièrement ceux d'Italie.

La douleur a toujours été la grande inspiratrice de l'Art, et on lui doit les plus grands chefs-d'œuvre. Les sujets religieux, se rapportant à la vie et à la mort de Jésus-Christ, au martyr des saints, à la douleur de la Vierge, etc., ont doté l'art de la peinture de ses plus grands chefs-d'œuvre.

Mantegazza a fait une analyse très fine des éléments de l'expression douloureuse. Chez l'homme les phénomènes qui concourent à l'expression de la douleur sont très complexes et on les voit varier de degrés depuis le léger froncement des lèvres jusqu'à la syncope, depuis le soupir jusqu'au hurlement.

Quelques expressions, cependant, accompagnent presque toutes les douleurs connues ; ainsi, les enfants pleurent pour toute souffrance, de même que chez l'adulte le serrement des lèvres, l'éloignement des coins de la bouche, le plissement du front sont les éléments expressifs des douleurs les plus variées.

D'autres éléments mimiques sont, au contraire, caractéristiques de quelques douleurs spéciales et font juger plus encore de leur nature que du degré de la souffrance, car l'expression a tendance à localiser le siège de la douleur et il est possible de juger, si le malade souffre des dents, s'il a une sciatique, s'il a mal à la tête. On remarque, en effet, une raideur de la région douloureuse par contracture des muscles voisins qui l'immobilisent et lui évitent ainsi tout déplacement qui augmenterait la douleur. Tantôt aussi, c'est l'œil qui se dirige du côté du siège de la souffrance ou c'est la main qui va le protéger et le caresse.

A mesure que la douleur est moins localisée, se répand sur une plus large étendue ou se déplace, la mimique fait de même. Une expression vague et incertaine représente, le plus souvent, une douleur vague et diffuse.

En dehors des contractures locales, il se produit

toujours des contractions musculaires à distance. Les plus constantes sont celles des muscles innervés par le facial. Aussi, la face est-elle le principal centre mimique et possède-t-elle la suprématie expressionnelle.

Les individus doués d'une forte volonté et qui veulent résister à la douleur contractent puissamment leurs muscles masticateurs, grincent des dents et serrent les poings, ce qui leur donne une attitude de résolution et de férocité.

## TABLEAU SYNOPTIQUE
### DES ÉLÉMENTS DE L'EXPRESSION DOULOUREUSE
#### (d'après Mantegazza).

*Contractions musculaires.*
- de la face.
- du tronc.
- des membres.
- des élévateurs des poils.
- Convulsions { partielles. générales. toniques. cloniques.
- Tremblement.

*Paralysies.*
- de quelques muscles de la face.
- des membres.
- de tous les muscles volontaires.

*Troubles respiratoires et vocaux.*
- Suspension volontaire de la respiration.
- Suspension involontaire de la respiration.
- Expiration prolongée.
- Respiration ou expiration interrompue.
- Soupir.
- Bâillement.
- Plaintes.
- Sanglots.
- Lamentations.
- Cris.

*Troubles sécréteurs et digestifs.*
- Larmes.
- Pertes involontaires de la salive.
- Évacuation involontaire de l'urine.
- Vomissements.
- Diarrhée.
- Sueurs.

| | |
|---|---|
| *Phénomènes vaso-moteurs périphériques.* | Pâleur du visage.<br>Pâleur de tout le corps.<br>Rougeur du visage.<br>Urticaire.<br>Érythème. |
| *Troubles psychiques.* | Bienveillance insolite.<br>Accès de colère et de haine.<br>Accès de sentiment religieux.<br>Mutité.<br>Faconde ou éloquence insolite.<br>Délire.<br>Rythme de l'esprit et de la parole. |

Le *cri* est une des manifestations les plus communes de la douleur. Il peut présenter tous les degrés et toutes les transitions : simples plaintes, sou pirs, sanglots, gémissements, cris suraigus, hurlements de rage, véritables rugissements, sifflements respiratoires. La parole vient s'ajouter au cri et en accentue encore les diverses manifestations ; exclamations, invocations, lamentations, prières, supplications, phrases entrecoupées, menaces, imprécations, blasphèmes, toute la gamme de l'expression verbale et parlée est mise à contribution dans la douleur.

Le tronc et les membres peuvent aussi prendre part à la mimique douloureuse (contorsions, agitation de tout le corps, l'acte de se rouler par terre, etc.). Les convulsions comme expression de la douleur s'observent le plus souvent dans les grands paroxysmes de souffrances morales (convulsions des muscles frontaux, contorsion de la bouche, trismus, opisthotonos, pandiculations, etc.).

Les mouvements du corps et des membres sont en rapport avec l'intensité de la douleur; on serre les poings, on lève les mains au ciel, on se tord les bras ou on les agite désespérément; on frappe du pied le sol, on trépigne ; tantôt on reste immobile, et la douleur ne se révèle que par l'expression de la face et la respiration convulsive. D'autres fois, on ne peut rester en place, et on va et vient dans une agitation qui ne fait que croître à mesure que la douleur augmente. Bientôt, des phénomènes spasmodiques apparaissent et de véritables attaques d'hystérie ou des accès épileptiformes peuvent suivre des douleurs intenses et trop prolongées. C'est surtout chez les enfants et les femmes, êtres plus délicats et plus impressionnables que ces phénomènes peuvent s'observer avec toute leur violence (Beaunis).

Toutes les manifestations *actives* de la douleur, cris, gestes, larmes, etc., sont autant de soupapes par lesquelles s'écoule le trop-plein du courant nerveux ; aussi ces manifestations ont-elles jusqu'à un certain point leur utilité quand elles sont contenues dans de justes limites ; une douleur comprimée est plus terrible, et tous ces actes amènent une sorte de détente qui soulage l'organisme souffrant.

Le *soupir* est un élément mimique presque constant des souffrances longues et sourdes et se manifeste pendant l'expiration qui suit une inspiration forcée et prolongée. A peine exagéré, il devient le gémissement. Le gémissement peut devenir un cri.

Beaucoup de mouvements expressifs de la douleur ont un but de défense. S'arracher les cheveux, se mordre, se cogner la tête contre les murs produit une douleur artificielle, plus faible que la douleur naturelle, et qui sert de dérivatif à la sensibilité trop tourmentée. De même changer de place à tout moment, rire nerveusement, répéter les mêmes paroles ou réciter les choses les plus absurdes, sert de distraction, de véritables révulsifs à la cellule nerveuse qui souffre. Ainsi le tremblement de tous les membres et du tronc produit la chaleur quand la douleur excessive tend à refroidir notre organisme.

Les *pleurs* sont un élément mimique de la douleur qui résulte à la fois de troubles musculaires et sécrétoires ; les larmes qui coulent en grande abondance ne peuvent toutes être dérivées dans les fosses nasales par les points lacrymaux et coulent alors le long du sillon naso-*génien*. Darwin a noté que la sécrétion des larmes qui devient plus tard le mode d'expression le plus général et le plus fortement accusé de la douleur ne se produit pas dans la première période de la vie. Les pleurs apparaissent à des époques très variables ; au quarante-deuxième, au quatre-vingt-quatrième, au cent dixième jour dans trois cas observés par Darwin.

Darwin explique le mécanisme de la sécrétion des larmes en partie par la contraction énergique et involontaire de l'orbiculaire des paupières, contraction qui déterminerait une excitation mécanique de la conjonctive, en partie par la distension des vaisseaux oculaires.

D'après Beaunis, ces phénomènes de suractivité de sécrétion (larmes, sueurs), peuvent être rapportées en partie à l'excitation des centres nerveux par le sang asphyxique ou subasphyxique, ainsi que la chose se passe pour le cri (commencement d'asphyxie par suite de l'arrêt de la circulation veineuse), et en partie à l'irradiation nerveuse. En outre, Beaunis émet une hypothèse qui n'a jusqu'ici pour elle aucun fait expérimental, mais qui nous paraît être appelée à prendre un développement ultérieur ; les larmes pourraient servir à éliminer une substance, dans le genre des ptomaïnes, produite dans la douleur par les centres nerveux, et alors l'utilité de la sécrétion lacrymale dans la douleur se comprendrait facilement.

Les larmes ne sont pas une mimique propre à l'homme : le macacus maurus pleure abondamment, l'éléphant aussi, et probablement beaucoup d'autres animaux.

Ces divers éléments expressifs de la douleur se combinent de différentes manières pour former, suivant la classification de Mantegazza, trois grandes catégories :

1° Les expressions de réaction ;

2° Les expressions de paralysie ;

3° Les expressions mélangées de douleur et de sentiments divers.

Les expressions de réaction sont les plus communes. Elles accompagnent toutes les douleurs légères ou les premiers stades de douleurs fortes et se caractérisent par les contractions des muscles de la face, l'agitation des membres ou du tronc, les pleurs, les sanglots, les morsures, les menaces à des êtres réels présents ou absents, ou même à des êtres imaginaires.

Percy, Dupuytren, Lussana avaient cru voir que les malades qui n'avaient pas crié pendant une opération éprouvaient avec plus d'intensité les conséquences du choc et guérissaient moins bien que ceux qui avaient donné libre cours à leurs lamentations instinctives. Lorsque l'expression de la douleur est entravée par la volonté, les effets de l'épuisement consécutif sont plus considérables. L'effort nécessité pour enrayer cette expression demande sans aucun doute une dépense d'énergie considérable quis'ajoute à l'épuisement causé par la douleur.

Les expressions de paralysie succèdent presque toujours à des douleurs trop fortes et trop prolongées. On observe alors de la pâleur des téguments, l'abattement du visage. Dans la douleur violemment provoquée on a aussi des sueurs froides, la dilatation de la pupille, l'incapacité de soutenir son propre corps qui gît comme inanimé. La syncope, la mort même peuvent survenir dans cet état. La paralysie ne s'observe d'emblée que pour les douleurs très intenses et subites ; elle est précédée généralement d'une période de réaction plus ou moins accusée.

Les phénomènes d'inhibition, de dépression et de paralysie se rencontrent surtout chez les sujets faibles et débilités ou chez les enfants. Cl. Bernard a montré que, lorsqu'un animal est affaibli par abstinence d'alimentation, par souffrance, la moindre excitation douloureuse est suffisante pour amener la mort. Une tourterelle, privée de nourriture pendant plusieurs jours, tomba et mourut subitement par arrêt du cœur lorsqu'on lui pinça les pattes. Il y a donc à jeun une diminution de résistance à la douleur. Ce fait est riche en conséquences pratiques.

Dans la troisième catégorie, Mantegazza range les expressions mélangées de douleur et de sentiments divers. Ces associations peuvent être très variées et complexes.

La mimique douloureuse revêt un caractère un peu différent chez l'homme que chez la femme (l'art a exprimé ces différences). Plus fréquemment que chez l'homme, on observe chez la femme les formes paralytiques. L'enfant traduit sa douleur par des larmes, le vieillard pousse des gémissements plaintifs et faibles et se laisse facilement abattre par la douleur. Les douleurs physiques prolongées laissent une empreinte durable ou même ineffaçable sur le visage (névropathes, hypocondriaques, calculeux, etc.).

Chez les animaux l'expression de la douleur se manifeste par des réactions désordonnées et violentes, surtout caractérisées par des contractions musculaires puissantes et par des cris (aboiements, hurlements, etc.).

# CHAPITRE X

## LA DOULEUR SELON LE SEXE, L'AGE, LA RACE, LA PRO-FESSION ET DANS LES ÉTATS PATHOLOGIQUES. LA DOU-LEUR CHEZ LES ANIMAUX.

D'après Mantegazza, les circonstances aggravantes de la douleur seraient : l'exquise sensibilité, la haute intelligence, la race supérieure et le haut degré de civilisation, le sexe féminin, l'enfance et la jeunesse, un certain degré de chaleur, l'usage ou l'abus du café, le passage brusque du plaisir à la douleur.

En faisant abstraction de l'enfant nouveau-né qui n'a que des douleurs très obtuses, on peut dire que *la sensibilité à la douleur diminue avec l'âge.* Cette constatation a été faite par Swift au moyen de l'algomètre temporal de Mac Donald (algomètre décrit dans la *Psychological Review*, july 1898 et dans le livre de Mac Donald : *Expérimental Study of Children*, 1899). Les enfants plus jeunes sont plus sensibles à la douleur que les enfants plus âgés. A côté de ces différences dues à l'âge, Swift trouva que les filles sont plus sensibles que les garçons à tous les âges, et que les enfants plus intelligents sont plus sensibles à la douleur que les enfants moins intelligents. Miss Carman était arrivée aux mêmes résul-

tats un an auparavant dans ses expériences algésimétriques faites sur 1.507 enfants des écoles de Michigan.

Ottolenghi a fait des expériences algométriques
au moyen de l'appareil de Chéron dans une école
municipale de Rome. Les enfants les plus intelligents
sont les plus sensibles.

Quant aux vieillards, leur sensibilité dolorifique
est généralement très diminuée, et comme exemple
on peut citer la facilité avec laquelle ils supportent
sans anesthésie des opérations douloureuses. Toutes
les manifestations des douleurs pathologiques (coliques hépatiques, etc.), sont chez eux très atténuées
et perdent même de leur caractère diagnostique
(Trousseau, Charcot).

La sensibilité à la douleur est-elle plus grande
chez l'homme que chez la femme ?

Tandis que Sergi, Lombroso, Féré, Havelock *Ellis*, Patrick, Ottolenghi considèrent la femme comme
moins sensible que l'homme, Galton, Mantegazza,
Dehn, Fouillée, Swift, Mac Donald, miss Carman la
considèrent comme plus sensible.

Gatton a mesuré la sensibilité tactile (au moyen de
l'esthésiomètre) dans la région de la nuque chez
932 hommes et 377 femmes. L'écart minimum à donner aux deux pointes du compas pour obtenir une
sensation double est pour les hommes de 13mm. 8 ;
pour les femmes, de 11mm.8. Ce rapport est à peu
près celui de 6 à 7. D'après Dehn, les femmes sont
plus sensibles que les hommes pour la douleur, les
excitations électriques, les sensations gustatives et
thermiques (32 personnes en tout). Pour les sensations *olfactives*, Toulouse et Vaschide, en expérimen-

tant sur un nombre considérable de sujets, ont trouvé une supériorité esthésique prononcée chez la femme quant au sens olfactif.

Ottolenghi a étudié la sensibilité chez 400 sujets et il a montré que la sensibilité dolorifique variait avec l'âge et la condition sociale, ainsi que l'avait déjà indiqué Ch. Richet. Il s'est servi, pour produire la douleur, du faradimètre Edelmann, appareil introduit par Lombroso dans l'algométrie (voir p. 48). L'appareil était appliqué sur le dos de la main préalablement humectée. Le sujet devait accuser un commencement de sensation (léger fourmillement). L'intensité était ensuite augmentée graduellement jusqu'à provoquer la douleur trahie par l'expression du visage. Sensibilité obtuse ; 30 volts ; sensibilité médiocre : 20 à 30 volts ; moyenne, 15 à 20 volts ; supérieure, au-dessous de 15 volts. Dans le jeune âge la sensibilité à la douleur est peu développée (chez l'homme comme chez la femme) ; elle s'accroît graduellement jusqu'à vingt-quatre ans, âge où elle atteint son maximum. Les femmes des classes ouvrières sont moins sensibles à la douleur que les femmes des classes aisées.

La femme résiste mieux à la douleur que l'homme. L'auteur en conclut qu'elle *ressent* la douleur moins vivement que l'homme. Ce qui est certain, c'est que, par un effort de volonté, la femme peut résister à un voltage extraordinaire, par exemple à 250 volts, alors que la sensibilité moyenne est à 20 volt. Rien de semblable ne s'est produit chez les hommes. Le plus grand effort de volonté n'a jamais permis aux sujets hommes de dépasser de plus de 10 volts leur résistance ordinaire à la douleur. D'ailleurs le fait de la grande suggestibilité observé par Ottolenghi chez la femme, montre bien que chez elle la force de volonté est plus développée (1).

La force de volonté de la femme s'affirmerait aussi dans les statistiques du suicide, si tant est que les chiffres bruts puissent apporter quelque lumière. Les douleurs physiques conduisent souvent au suicide. On en a tiré la conséquence que la femme a plus de résistance pour les maux physiques puisqu'elle présente, pour ce motif, un nombre trois fois moindre de suicides comparativement à l'homme.

L'algésimètre, instrument apte à mesurer le seuil à la douleur, a constamment montré une sensibilité à la douleur plus grande chez la femme que chez l'homme (Mac Donald, Carman, Swift, Ioteyko et Stefanowska.

Le même résultat s'affirme dans les expériences de Griffing, faites au moyen de l'algésimètre de Cattell. Les chiffres indiquent la pression (évaluée en poids) exercée sur la paume de la main gauche pour obtenir le minimum de perception de la douleur.

| | |
|---|---|
| 50 enfants de 12 à 15 ans. . . . . . . . | 4 k. 8 |
| 40 étudiants de 16 à 21 ans . . . . . . . | 5   1 |
| 38 étudiants de 19 à 25 ans . . . . . . . | 7   8 |
| 58 femmes . . . . . . . . . . . . | 3   6 |
| 40 étudiants . . . . . . . . . . . . | 3   6 |

Les variations individuelles sont très considérables. Dans ses mensurations algésimétriques, faites en

<hr>

(1) Si l'expérimentation de Ottolenghi est sujette à de nombreuses critiques, son raisonnement l'est encore bien davantage. L'auteur constate que la sensibilité tactile est plus grande chez la femme que chez l'homme. « Mais, dit-il, la moindre sensibilité de la femme à la douleur constitue, à n'en pas douter, un caractère d'infériorité, que ne saurait racheter la supériorité de la sensibilité générale. »

Amérique, Mac Donald a constaté encore que les individus appartenant aux classes inférieures sont moins sensibles que les individus des classes supérieures. L'épaisseur de la peau a une influence, mais moindre qu'on ne le supposerait.

C'est là d'ailleurs aussi un fait d'observation. Le paysan paraît souffrir moins que le citadin. L'homme de lettres, l'artiste, le travailleur cérébral, dont tous les sens et les nerfs sont surexcités, souffrent certainement plus que le sujet dont la vie nerveuse est moins intense.

Mais en outre de ces différences qui résultent de l'action du climat et de l'éducation, il y a une différence due à la *race*. Percy, l'un des plus grands chirurgiens de l'épopée napoléonienne, avait noté que, bien qu'il soit admis et affirmé que les hommes du Nord sont moins sensibles que ceux du Midi, les hommes du Nord, les Polonais et les Russes, ne diffèrent point d'une façon fondamentale des autres peuples par les impressions douloureuses, et que c'est peut-être chez les *Orientaux, et spécialement chez les Éygptiens et chez les Arabes*, qu'il faudrait chercher la plus grande insensibilité.

Non seulement les Orientaux en question, mais beaucoup de races diffèrent profondément de nos races blanches par la susceptibilité à la douleur. On signale cette sensibilité relative chez les Peaux-Rouges qui s'incrustent des fragments de verre dans la plante des pieds. On a signalé cette impassibilité devant la douleur chez les Arabes, chez les Indiens, chez les Chinois. Les pratiques religieuses en usage chez ces différents peuples témoignent de leur insensibilité.

Lucas-Championnière fait remarquer qu'à cette

insensibilité à la douleur ils joignent une prédisposition à toutes les maladies nerveuses que l'on rencontre dans une proportion qui nous est inconnue.

L'inégalité devant l'anesthésie n'est en quelque sorte que le complément naturel de l'inégalité devant la douleur.

Il n'existe aucune uniformité dans la douleur chez l'homme, dit Lucas-Championnière. Pour différencier les races, l'observation de la douleur suffirait à permettre de nier l'unité de l'espèce humaine.

En ce qui concerne les races inférieures et les sauvages, point de doute que leur sensibilité à la douleur ne soit très émoussée. Les Indiens et les nègres, à en juger par leur mimique, sont moins sensibles que nous à la douleur. Chez beaucoup de peuplades sauvages, les mutilations et les flagellations sont d'un usage courant.

D'ailleurs des expériences ont été faites. Mac Dougall, faisant partie de la *Cambridge Anthropological Expedition* au détroit de Torrès, a étudié la sensibilité à la douleur et la finesse du tact chez les sauvages (*Report of the Cambridge Anthropological Expedition to Torres Straits*, fasc. I et II du tome II *University Press*, Cambridge).

Les mesures esthésiométriques ont été faites à la nuque et sur l'avant-bras chez les indigènes et les blancs. La sensibilité à l'avant-bras a été examinée chez 50 hommes et 25 jeunes gens indigènes; elle est égale à 20 millimètres pour les premiers (écartement des deux pointes) et à 14 millimètres pour les derniers. Chez les blancs adultes, la sensibilité à l'avant-bras est égale à 44 millimètres d'écartement. La sensibilité tactile est donc beaucoup plus fine chez le sauvage que chez le blanc (sans que nous puissions dire pourtant, comme on l'a fait par erreur, qu'elle est deux fois plus fine ; rien ne vient dire, en effet, que le nombre indiquant l'écartement des pointes du compas soit proportionnel au degré de la sensibilité. Ce nombre ne peut indiquer que le sens du phénomène, sans le mesurer).

La douleur a été examinée par Mac Dougall au moyen d'un algomètre, dans lequel la pression exercée sur une tige se lit en kilogrammes. L'instrument était appliqué sur les ongles des doigts et sur le front.

Les indigènes de Murray (47 adultes et 18 jeunes gens), et les Anglais (23 adultes et 5 jeunes gens) ont été examinés.

|  |  | Indigènes. | Anglais. |
|  |  | Kilogrammes. | Kilogrammes. |
| --- | --- | --- | --- |
| Adulte : | pouce | 6,700 | 3,800 |
|  | index | 5,500 | 3,600 |
|  | front | 6,200 | 3,800 |
| Jeune : | pouce | 3,800 | 2,900 |
|  | index | 3,300 | 2,400 |

Ainsi : *la sensibilité de l'Européen à la douleur est deux fois plus grande que celle du sauvage* (la mesure est possible dans ce cas, car elle est faite au moyen de poids. Il faut encore faire des réserves relativement à l'épaisseur de la peau et à d'autres circonstances). Nous voyons aussi que la sensibilité à la douleur chez les sauvages est plus grande dans le jeune âge. — Le toucher et l'odorat sont plus fins chez le sauvage que chez l'Européen (voir H. de Varigny, *Année psychologique*, X, p. 385).

Ch. Richet a étudié la sensibilité à la douleur chez les imbéciles, les idiotes, les démentes séniles, et il a trouvé constamment que cette sensibilité était très obtuse. Ley a montré que la sensibilité au courant électrique est moins fine chez les enfants anormaux que chez les normaux (en prenant la douleur pour mesure). Chez les paralytiques généraux, la sensibilité est diminuée (Wosskressensky).

Des déterminations thermo-algésimétriques ont été faites par Donath, Veress.

La douleur thermique a été étudiée par Rosario Spina en 1897, chez les criminels-nés et les prostituées. Le seuil de la douleur à la chaleur serait plus élevé chez les prostituées (la douleur ne serait ressentie qu'à 64°), chez les femmes criminelles (61°) et surtout chez les hommes criminels (76°).

Les recherches de Nardelli (1904) sur le seuil de la douleur thermique ont porté sur des hommes normaux (professeurs, étudiants, infirmiers), et sur des déments paralytiques, des paranoïques, des mélancoliques, des hémiplégiques. L'auteur admet deux voies différentes, l'une destinée à la transmission de la chaleur, l'autre pour le froid, mais il n'admet pas de nerfs destinés spécialement à la douleur.

Pour mesurer la résistance à l'augmentation progressive de la température, Nardelli s'est servi d'un appareil assez simple imaginé par Sciammana : une double boule de caoutchouc et un serpentin sont réunis par un tube élastique ; le serpentin se termine par un petit récipient cylindrique en étain, tronqué en haut, vide, avec une base de 4 centimètres. Avec la boule de caoutchouc on aspire et on souffle de l'air dans le serpentin chauffé par une lampe à alcool ; on détermine ainsi une élévation progressive de la température, qui se communique au récipient annexé. Le sujet examiné a sa main en contact avec la face externe du récipient dont un thermomètre indique la température.

La résistance au froid est déterminée à l'aide d'une bonbonne remplie d'acide carbonique liquide, à la pression de 20 atmosphères ; un robinet porte un tube d'étain, coudé, qui va en diminuant progressivement de volume et aboutit à un récipient cylindrique semblable au précédent. Quand on ouvre le robinet, l'acide carbonique par la rapide diminution de pression se volatilise, et un violent jet de gaz vient tomber sur le récipient rapidement refroidi.

Pour l'examen, Nardelli a choisi la peau du dos de la main, entre le premier et le deuxième métacarpien. L'examen du seuil de la douleur à la chaleur a porté sur 34 individus normaux. On a relevé les différents degrés thermométriques auxquels se produisent la sensation initiale de chaleur (entre 30 et 38°), de chaleur insupportable, de douleur, de brûlure (entre 44 et 62°, soit 54° en moyenne). L'étendue de l'indifférence thermique est indiquée, chez chaque sujet, par le nombre de degrés nécessaires pour transformer la sensation de chaleur en sensation douloureuse (de 10 à 39°, soit en moyenne 23°)·

Le seuil de la douleur déterminé par un abaissement graduel de la température a été recherché chez 22 individus normaux. On ne peut tenir compte de la sensation initiale de froid qui, suivant les sujets, serait perçue de + 20° à — 30°. Les sensations de froid désagréable, de piqûre, de brûlure, de douleur, ont été perçues le plus souvent entre — 9° et — 30°, soit en moyenne — 18,5°. Chez quatre personnes normales qui, malgré la douleur, supportèrent l'abaissement de la température jusqu'à — 30°, il s'est produit une froidure de premier degré. La moyenne de la douleur à la chaleur est donc, normalement, de + 54,85°, et, au froid de — 18,50° C.

En ce qui concerne les cas pathologiques, voici les conclusions de Nardelli :

Chez les *paranoïques*, la sensibilité à la chaleur est un peu augmentée ; la sensibilité au froid semble diminuée.

Chez les *mélancoliques* (femmes) la sensibilité à la chaleur est diminuée (une malade n'accuse de douleur qu'à 145°), et la sensation initiale de froid est très retardée. L'hypoesthésie thermique est attribuée par l'auteur au profond sentiment de douleur psychique de ces malades.

Chez les *déments paralytiques* on trouva la même hypoesthésie thermique, mais les sensations douloureuses sont conservées d'une manière presque normale. Cette dissociation pourrait être considérée comme un argument en faveur de l'existence d'un *sens dolorifique spécifique*, mais l'auteur se refuse à admettre cette conclusion, car, dans la majorité des cas, il a trouvé parallélisme entre les lésions des sensations douloureuses et les lésions des sensations thermiques. Mais la dissociation possède une valeur beaucoup plus probante que le parallélisme.

Chez *trois hémiplégiques* en voie d'amélioration, la sensation de chaleur et la sensation de douleur sur la main paralysée se produisaient plus tardivement que du côté sain. Il y avait néanmoins toujours un retard sur la normale. Pour le froid et la douleur qu'il détermine, la sensibilité est, au contraire, augmentée du côté paralysé.

Il nous reste dans ce chapitre à dire quelques mots sur la douleur dans la *série animale*. Si on excite électriquement le sciatique d'une grenouille, elle va réagir violemment, se débattre ; elle a toutes les apparences de la douleur. Mais si on refait la même expérience sur une grenouille décapitée, on obtient les mêmes réactions. On arrive à cette conclusion que tous ces signes extérieurs de douleur ne sont accompagnés d'aucun phénomène de conscience.

Si nous passons aux êtres inférieurs, aux vers par exemple, il paraît impossible de leur supposer une conscience réfléchie de la douleur.

Normann a analysé les mouvements réactionnels de toute une série d'animaux inférieurs, et par une analyse délicate il est arrivé à conclure que les contorsions observées après la section des lombrics ne signifiaient probablement pas qu'il y a douleur. Alors que le segment antérieur reste sans faire de contorsions, c'est le segment postérieur qui s'agite avec violence. Mais si l'on divise à son tour le segment postérieur en deux parties, la partie antérieure va s'immobiliser, et la partie postérieure continuera à se contourner. Or, les ganglions cérébroïdes se trouvent dans la partie antérieure du corps de l'animal. Les contorsions sont donc certainement dues à des actions réflexes.

J. Loeb a aussi montré que si une planaire est sectionnée en travers, la partie antérieure continue à progresser sans présenter aucune modification dans son allure. Bethe a remarqué qu'à une abeille qui suce le miel d'une fleur, on peut sectionner l'abdomen sans qu'elle s'arrête. Des expériences semblables avaient déjà été faites par Friedlander.

Chez les grenouilles la résistance à la douleur varie selon la température : les grenouilles d'été, dont la température est de 16 à 22°, sont moins sensibles à la douleur que les grenouilles d'hiver (Ch. Richet). D'autre part, une légère hémorragie, une faible dose de strychnine suffisent à faire crier une grenouille qui n'eût pas réagi auparavant.

Chez les animaux supérieurs la douleur paraît beaucoup plus vive. Il est vrai que les chevaux pendant qu'on leur pratique certaines opérations continuent à manger. Ici pourtant il ne faut pas perdre de vue les différences tenant à la race. Chez les chevaux de race, notamment, arabes, anglais, etc., la sensibilité à la douleur est très marquée et son exaltation facile à provoquer. Chez ces animaux, tout à la fois sensibles et vigoureux, la fièvre de réaction s'allume avec rapidité, avec énergie, et elle cause promptement des accidents redoutables. Il n'est même pas rare de voir succomber de tels animaux sous la seule influence d'une très vive douleur, déterminée par une opération chirurgicale un peu grave. Les chevaux de race commune, infiniment moins accessibles à la douleur, sont aussi moins exposés aux réactions dangereuses qu'elle peut provoquer.

En général, les bœufs et les moutons sont moins sensibles à la douleur que les chevaux. Les opérations chirurgicales ne sont suivies chez eux que de faibles réactions. De très grandes différences se présentent à cet égard chez le chien. Ainsi, tandis que la douleur se montre vivement sentie chez les chiens de chasse, de berger et les petits chiens très irritables qui habitent les appartements, elle se montre, au contraire, peu développée chez les chiens de garde et particulièrement chez les bouledogues. Chez ces derniers, les opérations les plus graves ne provoquent souvent aucun mouvement et n'arrachent aucun cri.

Les jeunes animaux sont très sensibles à la douleur. Chez eux, les souffrances violentes de quelque durée provoquent les accidents les plus redoutables, soit pendant le cours des maladies, soit après des opérations chirurgicales de quelque gravité. Ils sont exposés aux perturbations nerveuses, au tétanos, aux convulsions cloniques. Tels sont les faits recueillis par les vétérinaires.

Il y a donc un certain rapport entre le développement de le sensibilité à la douleur et l'intelligence. C'est l'idée soutenue par Ch. Richet. Les faits rapportés dans ce chapitre appuient cette manière de voir. Peut-être un jour trouvera-t-on une relation plus rigoureuse et alors la sensibilité dolorifique pourra servir à déterminer le degré de l'intelligence comme un de ses facteurs.

Quand on songe que la douleur a pour fonction la défense de l'individu par un acte réfléchi et conscient, on comprend qu'elle occupe une place particulière parmi les sensations et qu'elle soit strictement liée aux manifestations psychiques supérieures.

# CHAPITRE XI

## LA DOULEUR SENSORIELLE

La douleur sensorielle est produite par l'excitation des nerfs dolo
rifiques contenus dans les organes des sens, au moyen de l'excitant adéquat de l'organe sensoriel considéré. — Il y a donc dans
les organes des sens deux seuils d'excitation. — Innervation des
organes des sens. — Nerf trijumeau et ses branches. — Symptômes de la paralysie du trijumeau. — Section du trijumeau. —
Le nerf facial. — Innervation de chaque organe des sens en
particulier.

On avait rangé dans la catégorie des douleurs sensorielles toutes les sensations désagréables que nous
éprouvons par l'intermédiaire de nos organes des
sens. La liste de ces douleurs est extrêmement
longue.

Mantegazza appelle douleurs *spécifiques du tact*
toutes ces sensations désagréables que nous éprouvons au contact des corps extérieurs. Le contact du
velours ou de l'eau est pour beaucoup de personnes
une douleur tactile spécifique. Le *goût* est capable
de douleurs toutes spéciales. Ce sont des sensations
qui varient de degré au point d'être ou très légèrement désagréables ou répugnantes, ou de produire la nausée et même chez les enfants les pleurs.
Il en est de même des douleurs de l'*odorat*.

L'*ouïe* peut donner de terribles douleurs spécifiques, dit Mantegazza, spécialement à ceux qui sont très nerveux ou qui, ont l'oreille très musicale. Dans un état d'hyperesthésie permanente par hystérie, hypochondrie, ou d'hyperesthésie passagère causée par la faim, la fatigue, par hémorragie, nous pouvons avoir une sensibilité excessive des nerfs acoustiques, c'est-à-dire l'*hyperacousie* et dans ce cas les bruits les plus légers deviennent douloureux. Il y a une deuxième catégorie de douleurs spécifiques de l'ouïe qui sont dues aux sons discordants, mais elles ne peuvent être constatées que par les oreilles privilégiées qui comprennent l'harmonie et qui souffrent des dissonances les plus légères.

La lumière, par ses seules variations de degré, peut nous causer des douleurs spécifiques de la vue. Mais Mantegazza range dans la catégorie des douleurs visuelles, non seulement les douleurs par excès d'éclairage,. mais aussi les douleurs dues à l'insuffisance et au manque de la lumière, celles qui sont dues aux contrastes discordants, aux nuances trop criardes ou aux idiosyncrasies particulières.

Ces exemples suffisent pour montrer qu'on a englobé à tort sous l'étiquette « douleur » toutes les sensations désagréables, y compris celles qui sont propres au froissement du sens esthétique. Mais ces soi-disant douleurs spécifiques n'ont en réalité rien à faire avec le sens de la douleur.

Au contraire, comme le remarque Tchich, chacun sait que les excitations des organes sensoriels n'éveillent pas la douleur chez les gens sains. Ces excitations ne peuvent être que désagréables, mais non douloureuses. Si par exemple, les coups de canon éveillent dans certains cas la douleur, cette douleur est d'origine mécanique et non acoustique. Il en est de même des excitants chimiques de la gustation : tant que l'excitation gustative persiste, nous n'avons pas de douleur ; cette dernière n'apparaît qu'au moment où les sensations spécifiques du goût ont disparu. Les personnes qui ont avalé volontairement ou par hasard de l'acide sulfurique n'ont aucune souvenance des sensations gustatives ; elles n'ont éprouvé qu'une sensation de douleur et de brûlure. — Les excitants électriques possèdent le même caractère. L'excitation électrique des organes des sens éveille la sensation spécifique à ces organes, sensations lumineuses pour l'œil, sensations sonores pour l'oreille ; mais en déterminant ces sensations spécifiques, l'électricité ne produit pas de douleur. Si maintenant on augmente considérablement la force du courant, la douleur apparaîtra, mais la sensation spécifique va s'évanouir.

Il ne faut donc pas confondre les sensations désagréables avec les sensations douloureuses. La distinction des termes se trouve faite dans le *Traité de Psychologie* (3ᵉ éd.) de Wundt ; en allemand, le désagréable est souvent désigné par le mot *Unlust* et la douleur par le mot *Schmerz*.

Il est probable, dirons-nous, que cette peine, ce déplaisir que nous éprouvons quand une excitation désagréable vient à agir sur nos organes des sens, est le premier avertissement d'une action nuisible ; cet ébranlement n'est pas nécessairement très fort et il se rapporte surtout à la *qualité* de l'excitant. Il y a ici une certaine adaptation (individualité dans les goûts). Le second avertissement serait en rapport surtout avec la *quantité* de l'excitant (douleur) et aurait un caractère d'*universalité*.

« L'agréable » et le « désagréable » peuvent varier suivant les individus, les races, l'âge, l'éducation, etc., alors que les excitations douloureuses sont perçues par tous les êtres sentants.

Voici donc comment il faut concevoir la douleur sensorielle en se plaçant au point de vue du sens de la douleur et de la loi de l'énergie spécifique des organes sensoriels. En réalité, la douleur cutanée est, elle aussi, sensorielle, puisque le *sens de la douleur* se trouve localisé principalement dans la peau et les muqueuses. Il y a dans les organes des sens spécialisation de la fonction, les *nerfs spécifiques* étant affectés à la sensation spécifique (vision pour le nerf optique, audition pour le nerf auditif, etc.), et les *nerfs dolorifiques* (confondus jusqu'à présent avec les nerfs de la sensibilité générale) étant affectés aux sensations de douleur. Mais pour les nerfs dolorifiques contenus dans les organes sensoriels il faut admettre deux espèces de sensibilité, *a)* aux excitants dits *généraux*, tels que choc, compression, actions chimiques, chaleur, froid, qui déterminent la douleur quand ils sont intenses, et, *b)* à l'excitant *spécifique* de l'organe sensoriel considéré. Ainsi, en prenant l'œil comme exemple : le nerf optique est totalement insensible à la douleur, ainsi que le démontre le fait de sa section. La douleur de l'appareil visuel est ressentie au moyen des filets dolorifiques du nerf ophtalmique (voir plus loin). Deux cas peuvent se présenter pour la douleur visuelle. Dans le cas de *migraine ophtalmique*, par exemple, la douleur est due à l'excitation des nerfs par un excitant

général (actions chimiques, compression, etc.) ;
dans le cas de *photophobie*, la douleur est occasionnée par un excès de lumière. — De même pour l'organe auditif, nous devons distinguer, à côté de la
fonction acoustique assurée au moyen du nerf spécifique, encore la sensibilité dolorifique, assurée au
moyen des nerfs de la douleur, et ceux-là entrent en
activité aussi bien sous l'influence d'un excitant général (compression de l'oreille, abcès), que sous l'influence de l'excitant spécifique, c'est-à-dire des
ondes sonores (hyperacousie, c'est-à-dire cet état où
tous les sons paraissent douloureux).

Il est vrai que la sensibilité des nerfs dolorifiques
aux excitants spécifiques n'entre en jeu que dans
certains cas exceptionnels, tantôt dans des états maladifs qui augmentent l'excitabilité des centres nerveux, tantôt quand la force de l'excitant a acquis une
force inusitée. Dans les deux cas, la douleur produite est fonction de la force de l'excitant. Néanmoins, cette propriété est très remarquable et ne se
rencontre que pour les nerfs dolorifiques contenus
dans les organes sensoriels. Les nerfs dolorifiques
des téguments cutanés — faut-il le dire ? — ne sont
sensibles ni à la lumière, ni au son, mais uniquement aux excitants mécaniques, thermiques, chimiques, électriques, c'est-à-dire à ceux qu'on range
dans la catégorie des excitants généraux. Mais
remarquons que ces excitants dits généraux, sont
des excitants adéquats pour les nerfs de la température, de la pression, etc. La douleur sensorielle, peut donc être définie de la façon suivante :
*Douleur produite par l'excitation des nerfs dolorifiques contenus dans les organes des sens, au moyen*

*de l'excitant adéquat de l'organe sensoriel consi-
déré.*

Il y a donc dans tous les organes sensoriels deux
seuils d'excitation pour l'excitant spécifique : *un seuil
situé plus bas, pour la sensation spécifique* ; *un seuil
situé plus haut, pour la douleur.* Mais ces deux seuils
correspondent à deux appareils nerveux distincts. A
cause de cette excitabilité différente, les nerfs de la
douleur ne sont nullement impressionnés tant que
l'excitation ne dépasse pas certaines limites. Grâce
à cette disposition la fonction-sensation et la fonc-
tion-douleur peuvent s'accomplir l'une à côté de
l'autre, et, en quelque sorte, indépendamment l'une
de l'autre.

Il est intéressant d'examiner à cet égard l'*innervation des organes des sens.* C'est le *trijumeau* ou nerf
de la cinquième paire, qui donne la sensibilité tactile
thermique et dolorifique aux organes de la face,
sensibilité dite encore naguère « générale ». C'est
un nerf mixte dès son origine, il a une racine sensitive et une racine motrice. Son territoire sensitif est
très étendu ; il comprend les *téguments de la face*, le
*globe oculaire* et les *muqueuses nasale et buccale.* Le
nerf trijumeau se divise en trois branches : I. *Nerf
ophtalmique de Willis* (première branche du trijumeau), lequel se divise en trois branches terminales :
le *nasal*, le *frontal*, le *lacrymal* ; II. *Nerf maxillaire
supérieur* (deuxième branche du trijumeau) ; III. *Nerf
maxillaire inférieur* (troisième branche du trijumeau).
Le *nerf lingual* est une branche du maxillaire inférieur.

La *racine sensible* du trijumeau provoque des
*réflexes* très importants *dans la face* : le *clignotement*

*l'éternuement, la sécrétion de la salive, la sécrétion des larmes*. Le trijumeau est le gardien de l'œil et un gardien des voies aériennes.

La *racine motrice* du trijumeau est le nerf masticateur.

La paralysie du nerf trijumeau se marque par l'impossibilité de mastiquer et par l'insensibilité de toutes les parties innervées par la portion sensible ; l'attouchement de la cornée et des environs de l'œil ne provoque plus le clignotement. Depuis Magendie, on a souvent sectionné sur des lapins le nerf trijumeau dans le crâne. Au moment de la section l'animal pousse un cri de douleur. Persistance de la vision avec insensibilité complète de la région innervée.

Le *nerf facial* ou nerf de la septième paire, est un nerf mixte. Sa racine motrice constitue le facial proprement dit ; sa racine sensitive n'est autre que le *nerf intermédiaire de Wrisberg*. Il est le nerf moteur des muscles peauciers de la tête et du cou ; il innerve tous les muscles mimiques de la face.

Le territoire sensitif du facial comprend le nerf connu sous le nom de la *corde du tympan*, qui donne la sensibilité gustative aux deux tiers antérieurs de la muqueuse linguale. La corde du tympan est une branche intra-pétreuse du facial, anastomose qui unit le facial et le trijumeau (1).

Les fibres centripètes du facial sont donc des fibres de la sensibilité gustative. Venues de la muqueuse linguale, elles sont contenues successivement dans

_______

(1) Les fibres gustatives de la corde du tympan proviennent d'après Schiff, du trijumeau ; d'après Lussana et Vulpian du facial, et d'après Mathial Duval du glosso-pharyngien.

le lingual, la corde du tympan, le tronc du facial, et se continuent finalement avec l'intermédiaire de Wrisberg.

Le *rameau sensitif du conduit auditif externe* est un filet du pneumogastrique qui s'accole au facial. C'est un rameau auriculaire du pneumogastrique ; parfois il provient du glosso-pharyngien.

Les fibres sensitives du facial proviennent donc des anastomoses qu'il affecte avec le trijumeau et le pneumogastrique.

Tels sont les nerfs qui président à la sensibilité dite générale de la face et des organes sensoriels : nerf trijumeau et facial, ainsi que des filets du pneumogastrique et du glosso-pharyngien. En outre, nous avons vu que ces mêmes nerfs fournissent deux branches affectées à la sensibilité spécifique des organes sensoriels, ce sont : le *nerf lingual* (branche du maxillaire inférieur, qui est lui-même une branche du trijumeau), qui donne la sensibilité gustative (en même temps que la sensibilité tactile) à la partie antérieure de la langue, et la *corde du tympan* (branche du facial) qui donne aussi la sensibilité gustative aux deux tiers antérieurs de la muqueuse linguale. Il paraît néanmoins très probable que ces deux nerfs affectés à la gustation proviennent du nerf glosso-pharyngien, qui serait l'unique nerf du goût.

Passons maintenant en revue l'innervation générale et spéciale de chacun des organes des sens.


I. Organe de la vue. — C'est le *nerf optique* ou nerf de la deuxième paire qui donne la sensibilité spéciale à l'organe de la vision. L'excitant spécifique de la rétine est constitué par les vibrations de l'éther lumineux. En vertu de la loi de l'énergie spécifique des organes sensoriels, le nerf optique est aussi sensible aux excitants généraux, mais leur action ne peut produire que des sensations visuelles. L'action d'un courant électrique, la compression de l'œil, les tiraillements du nerf optique sont dans le même cas. La section même du nerf optique donne lieu à un éclair, mais n'est nullement douloureuse. La compression un peu vive du globe oculaire donne lieu à un phénomène visuel connu sous le nom de *phosphènes lumineux*. Dans la luxation de l'œil au devant de l'orbite (tiraillement du nerf optique), les malades se plaignent d'une sensation lumineuse intense. Le nerf de la sensibilité générale (dolorifique, tactile, thermique) de l'œil est le *nerf ophtalmique de Willis* (branche du trijumeau). C'est lui qui est le siège de la migraine ophtalmique. Nous savons, grâce aux expériences de von Frey, que la distribution de ces sensibilités n'est pas la même dans toutes les enveloppes de l'œil. Dans la cornée il n'existe ni des points de pression, ni des points de température, mais uniquement des points de douleur. La conjonctive est aussi dépourvue de points de pression ; elle ne ressent que la douleur et le froid. Par conséquent, la cornée ne possède qu'une seule catégorie de filets nerveux sensitifs, les nerfs de la douleur, et la conjonctive en possède deux : les nerfs de la douleur et les nerfs du froid. Ces différentes catégories des filets nerveux cheminent dans le tronc du nerf ophtalmique de Willis (branche du trijumeau) et viennent se terminer de façon distincte dans les enveloppes de l'œil. Ainsi, les *terminaisons ner.*

*veuses libres* qu'on rencontre aussi bien dans la cornée que dans la conjonctive seraient l'organe terminal de l'appareil dolorifique ; et les *corpuscules de Krauze*, qui font défaut dans la cornée, mais qui se retrouvent dans la conjonctive, seraient l'organe terminal des nerfs pour le froid.

Le seuil de la douleur est situé très bas pour la cornée et pour la conjonctive. Ces organes sont doués d'une sensibilité dolorifique exquise. De même que les excitants électriques, mécaniques et chimiques produisent toujours des sensations visuelles quand ils atteignent le nerf optique, — la lumière très intense peut devenir douloureuse, quand elle vient à exciter la rétine.

Ces constatations permettent d'expliquer le fait bien connu de la sensibilité de la conjonctive aux excitants mécaniques ; un grain de charbon, un corps étranger quelconque va amener une douleur très intense. Ce phénomène s'explique : 1° par une sensibilité toute particulière des nerfs dolorifiques de la conjonctive ; 2° par l'absence de nerfs de la pression dans la conjonctive ; 3° par le caractère spécial des sensations dolorifiques, qui fait que le léger contact n'étant pas senti, il devient douloureux quand il agit à la longue.

Mais comment expliquer la douleur sensorielle de l'organe visuel ? Est-il possible d'admettre que la lumière, qui est l'excitant spécifique pour le nerf optique, puisse aussi agir sur les terminaisons du nerf ophtalmique ? L'explication n'en est pas plus difficile, que, par exemple, pour l'excitation de la muqueuse olfactive et linguale. On admet facilement qu'un acide faible n'agisse que sur les terminaisons du nerf lingual et du nerf glosso-pharyngien, sans atteindre les nerfs de la douleur ; mais un acide plus fort vient à ébranler les terminaisons des nerfs dolorifiques, qui ont besoin pour réagir d'un excitant plus fort. L'excitation est chimique dans les deux cas.

Or, pour la douleur de l'organe visuel, les faits se présentent avec la même évidence. On sait, en effet, que les vibrations lumineuses de l'éther n'agissent pas directement sur les terminaisons du nerf optique, mais produisent des modifications chimiques dans la rétine, et c'est la modification chimique qui agit comme un excitant sur les terminaisons du nerf optique. On peut donc facilement admettre que la modification chimique, dès qu'elle aura atteint une certaine intensité ou une certaine forme, viendra agir comme un excitant sur les terminaisons des nerfs dolorifiques, qui réagissent par la sensation qui leur est propre.

Dans l'œil la spécialisation des fonctions est très nette. Certains malades présentent soit de la paralysie du nerf optique, soit de la paralysie de la cinquième paire, ou bien encore une amaurose complète s'accompagnant de photophobie.

La photophobie peut exister *même dans la cécité complète.* (Ph. von Walther, cité par Scherrington).

Claude Bernard a montré depuis longtemps que la photophobie n'a pas son origine dans la rétine, puisqu'on larencontre chez des amaurotiques pris d'ophtalmie et chez des chiens auxquels on pratique une plaie de la cornée après leur avoir coupé le nerf optique.

Inversement, on a signalé des cas d'insolation de la rétine (Widmark) suivis d'une altération profonde de cette membrane, sans que le malade ait ressenti la moindre douleur (Beauvais). Nagel admet que l'éblouissement rétinien ne provoque pas la douleur par l'intermédiaire du nerf optique, même quand cet accident entraîne une désorganisation de la membrane photo-sensible. Lorsque cette sensation se produit, ce qui n'est pas le cas chez tous les sujets, elle doit être attribuée à une excitation des nerfs ciliaires par l'énergique contraction de l'iris : car les phénomènes douloureux font défaut, si on paralyse cette membrane par l'homatropine. Pourtant, au moment de la section du nerf optique, dit Nagel, les malades opérés dans un état de narcose incomplète accusent une vive douleur : elle est due, non pas à la section des fibres visuelles, mais à celle des fibres sensibles contenues dans le nerf optique ou situées à son voisinage immédiat.

Afin de donner une valeur décisive à cette expérience, Wertheimer procéda de la façon suivante. Chez plusieurs chiens on isola le nerf optique et on le dénuda de sa gaine , qui renferme de nombreuses fibres sensibles. En même temps, on mettait à découvert le nerf sous-orbitaire au moment où il se dégage de l'orbite. Ces opérations étaient faites sous le chloroforme : dès que l'animal commençait à se réveiller, on excitait comparativement, d'une part, le nerf optique avec le courant maximun de la bobine, d'autre part la branche du trijumeau avec un courant souvent beaucoup plus faible. On inscrivait le tracé de la respiration et celui de la pression artérielle. L'excitation du nerf optique ne donna lieu à aucune réaction respiratoire ou vaso-motrice, tandis que celle du sous-orbitaire, faite sept secondes après, pro-

voqua des cris et uno chute de pression. L'auteur
pense qu'il en est de même des nerfs de la gustation,
de l'olfaction et de l'audition.

II. ORGANE DE L'OUIE. — C'est le *nerf acoustique* ou de
la huitième paire qui produit les sensations auditives. L'excitant spécial, *adéquat* de l'appareil nerveux acoustique, est constitué par les vibrations
sonores, qui sont transmises à l'endolymphe, puis
à la terminaison périphérique du nerf acoustique.

Dans les maladies de l'oreille qui affectent le laby-
rinthe, les malades ressentent souvent des bourdon-
nements d'oreilles, des tintements, etc. Des troubles de la circulation peuvent produire un effet semblable.

La sensibilité dite générale de l'oreille est due à
des filets du *nerf glosso-pharyngien* (caisse du tympan
et trompe d'Eustache), à des filets du *nerf vague*
(conduit auditif externe) et aux *nerfs cervicaux*
(partie du pavillon de l'oreille). Les douleurs atroces
des abcès de l'oreille sont dues à la compression de
ces nerfs. De même si un son devient douloureux,
c'est qu'il excite les nerfs dolorifiques. La rupture
de la membrane du tympan donne lieu à une sensation de tonnerre et à une sensation de douleur.
Cette dernière est due à l'excitation des nerfs dolorifiques contenus dans la membrane ; la sensation
auditive est due à la transmission de l'ébranlement
mécaniqne par la chaîne des osselets jusqu'à l'endolymphe et aux terminaisons du nerf acoustique. On
s'explique aisément pourquoi les sensations auditives violentes sont si souvent douloureuses : l'ébranlement mécanique de la membrane tympanique est

la condition essentielle aussi bien de l'audition que de la douleur. Remarquons que pour la vision, l'excitation est chimique dans les deux cas.

III. ORGANE DE L'ODORAT. — Le *nerf olfactif* ou de la première paire est le nerf spécifique de l'odorat. Le bulbe olfactif repose sur la face supérieure de la lame criblée de l'ethmoïde et donne une série de filets nerveux qui traversent les trous de cet os et vont se distribuer à la région olfactive. L'excitant *adéquat* de l'appareil olfactif est constitué par certaines substances dites « odorantes », qui doivent être très finement divisées et suspendues dans l'air ou être gazeuses pour provoquer l'excitation chimique de la muqueuse nasale. L'organe nerveux olfactif est le réactif chimique de loin le plus sensible que nous connaissions. On sent encore la deux-millionnième partie d'un milligramme de musc.

La sensibilité dite générale de la muqueuse pituitaire est assurée grâce à deux branches du trijumeau ; ce sont : 1° le *nerf ophtalmique de Willis* ; 2° le *nerf maxillaire supérieur*.

Quelles sont les fonctions de ces différents nerfs ? Magendie, au commencement du xix° siècle, coupa le nerf olfactif sur un animal, puis il approcha de ses narines un flacon d'ammoniaque ; le voyant prendre la fuite, il attribua au trijumeau la sensibilité olfactive. Mais le médecin Eschricht a montré plus tard que les vapeurs caustiques de l'ammoniaque, approchées du train abdominal d'une grenouille, irritent également sa peau et provoquent sa fuite.

L'explication complète de ces deux expériences ne peut être donnée qu'en vertu de la connaissance

de la loi de l'énergie spécifique des nerfs. Les vapeurs irritantes d'ammoniaque produisent la douleur, aussi bien par leur action sur les terminaisons
du trijumeau contenues dans la muqueuse pituitaire,
que sur les terminaisons du trijumeau contenues
dans une région quelconque. Mais l'impression douloureuse produite est en dehors de la sphère d'action du nerf sensoriel. Elle s'exerce sur les nerfs
dolorifiques, qui entrent dans la constitution des
troncs nerveux provenant du trijumeau.

Vouloir admettre, dans l'état actuel de la science,
que la douleur sensorielle est due à l'irritation des
nerfs sensoriels — serait se mettre dans les mêmes
conditions d'erreur que Magendie, qui refusa au nerf
olfactif la sensibilité olfactive, car après la section
de ce nerf, les animaux se sont montrés encore sensibles à la *douleur olfactive*. Cette expérience, mieux
que toute autre, plaide en faveur de la séparation
des organes de la douleur et de ceux de l'olfaction.

Grâce à l'odorat, le chien sait découvrir la nourriture qu'on cache à sa vue ; mais, si on lui sectionne
les deux nerfs olfactifs, il n'est plus capable de trouver les aliments par l'odorat.

Mais comme l'activité des différents nerfs dépend
souvent des mêmes conditions générales, il en résulte
que les filets nasaux du trijumeau ont une influence
sur le sens de l'olfaction. Le bon état de la pituitaire
est nécessaire pour que l'olfaction se produise ; dans
le *coryza* les sensations olfactives sont abolies, la
muqueuse enflammée étant ou trop sèche ou trop
humide.

IV. Organe du goût. — Le nerf *grand hypoglosse*

ou de la douzième paire est le nerf moteur de la langue. Les nerfs sensitifs sont au nombre de trois : 1° le *glosso-pharyngien* ou nerf de la neuvième paire ; 2° le *nerf lingual* (branche du trijumeau); 3° la *corde du tympan* (branche du facial).

Quel est le rôle de ces différents nerfs dans la sensibilité de la langue ?

Le nerf glosso-pharyngien est le nerf gustatif de la partie postérieure de la langue ; la corde du tympan donne la sensibilité gustative à la partie antérieure de la langue. Quant au nerf lingual, il donne des fibres gustatives à la partie antérieure de la langue et préside à la sensibilité générale de cet organe.

La sensibilité dite générale de la langue est donc assurée grâce au lingual (fibres venant du trijumeau) alors que les fibres gustatives du lingual paraissent être empruntées, de même que celles de la corde du tympan au nerf glosso-pharyngien. Ce dernier serait donc le véritable et le seul nerf du goût.

L'excitant *adéquat* de l'organe gustatif consiste dans certaines substances chimiques distinctes. On suppose que les différentes *qualités* de la sensation gustative sont produites par l'excitation d'autant de fibres nerveuses distinctes. On distingue communément quatre qualités gustatives : celles du doux, de l'amer, de l'acide et du salin.

# CHAPITRE XII

## CLASSIFICATION ET MÉCANISME INTIME DES EXCITATIONS DOULOUREUSES.
## UNE THÉORIE TOXIQUE DE LA DOULEUR.

Classification de Beaunis en douleurs mécaniques, thermiques, en malaises et en douleurs spéciales. — Critique. — Classification des auteurs en douleurs mécaniques, thermiques, sensorielles et viscérales.— Théorie toxique de la douleur, de I. Iotcyko.— Arguments.

En analysant les diverses variétés de douleur d'après leur qualité, c'est-à-dire d'après l'impression particulière qu'elles produisent en nous, Beaunis groupe toutes les douleurs en quatre catégories principales. Ces quatre catégories sont :

1° Les *douleurs à caractère mécanique*, qui rappellent l'impression produite par les divers agents mécaniques ;

2° Les *douleurs thermiques*, qui comprennent les sensations douloureuses de froid et de chaud ;

3° Les *malaises* ou douleurs d'un caractère plus général ;

4° Les *douleurs d'un caractère spécial* qui ne rentrent dans aucun des groupes précédents.

## CLASSIFICATION DES DOULEURS (Beaunis)

### A. — DOULEURS MÉCANIQUES.

#### a. — *Douleurs gravatives ou de pression.*

Sentiment de lourdeur.
Sentiment de poids, pesanteur.
Sentiment de pression à tous les degrés.

#### b. — *Douleurs tensives ou de tension.*

Plénitude.
Tension.
Distension.
Tiraillement.
Sensation d'arrachement.

#### c. — *Douleurs constrictives ou de resserrement.*

Sentiment de gêne.
Pincement.
Barre (barre épigastrique).
Sentiment de constriction circulaire (douleurs en ceinture).
Sentiment de constriction sphérique (calotte de plomb de certains maux de tête).
Resserrement suivant les deux extrémités d'un diamètre (certaines douleurs thoraciques).
Constriction comme dans un étau.
Sensation d'étranglement.
Étouffement.
Suffocation.

### d. — *Douleurs tormineuses ou de torsion.*

Crampes ; mouches (utérus).
Douleurs tormineuses.
Coliques.
Tranchées.
Épreintes.
Ténesme.

### e. — *Douleurs divulsives ou de séparation.*

Picotements.
Douleurs pongitives.
Élancements ; douleurs lancinantes ; douleurs ful-
gurantes.
Douleurs de coupure.
Déchirements ; douleurs déchirantes.
Douleurs perforantes.
Douleurs térébrantes ; clou (clou hystérique).
Éclatement.
Douleurs concassantes.
Douleurs corrosives.
Rongement ; douleurs rongeantes.

### f. — *Douleurs pulsatives.*

Battements.
Douleurs pulsatives.
Palpitations.

### B. — DOULEURS THERMIQUES.

#### 1° *Sensations douloureuses de chaleur.*

##### a. — *Sensations de chaleur proprement dites.*

Bouffées de chaleur ; chaleurs.
Sensations de courants d'eau chaude.

Flammes.
Brûlure.
Sensations de fer chaud ; pyrosis.

### b. — *Sensations prurigineuses.*

Ardeur.
Cuisson.
Démangeaisons.
Prurit.

### 2° *Sensations douloureuses de froid.*

Sensations glaciales.
Sensations de courant ou de nappe d'eau froide.
Frisson.
Horripilation.
Sensation de froid intérieur.

### C. — MALAISES.

### a. — *Malaises à localisation cérébrale. Faiblesses.*

Sensation de vide.
Langueur.
Sensation de faiblesse.
Défaillances.
Sensations de l'état syncopal.

### b. — *Malaises à localisation précordiale.*

Anxiété.
Angoisse.

### c. — *Malaises à localisation sensitive.*

Inquiétude générale.
Impatience générale.

Agacement.
Nervosité.
Agitation.

### d. — *Malaises à localisation musculaire.*

Fatigue générale.
Courbature.
Lassitude.
Brisement.
Abattement.
Accablement.
Prostration.
Épuisement.
Anéantissement.

### c. — *Vertiges.*

Étourdissements.
Vertiges.

### D. — DOULEURS SPÉCIALES.

### a. — *Douleurs sensorielles.*

Hyperesthésies sensorielles.
Olfaction : Sensations produites par une odeur fé-
tide, putride, etc.
Gustation : Amertume ; dégoût ; nausées.
Ouïe : Sensations produites par un bruit désagréable,
des sons aigus, dissonants, discordants, etc.
Vue : Sensations produites par une lumière trop
éclatante ; aveuglement ; photophobie.
Sensations tactiles : Sécheresse ; fourmillement ;
chatouillement ; engourdissement ; titillation (la-

rynx) ; râclement (pharynx) ; picotement ; agacement des dents.

### b. — *Sensations douloureuses correspondant aux besoins de la vie végétative.*

Douleurs de la faim, de la soif, etc.
Dyspnée, oppression, etc., etc.

Les douleurs des deux premières catégories sont des douleurs dans la vraie acception du mot, c'est-à-dire des sensations résultant de l'excitation des nerfs dolorifiques. Quant aux deux dernières catégories, elles renferment à côté des vraies douleurs (hyperesthésies sensorielles, douleurs de fatigue) encore des sensations désagréables qui ne résultent pas de l'excitation des nerfs dolorifiques, et aussi des sensations qui résultent d'un mélange de vraies douleurs et des sensations désagréables (malaises, anxiété, angoisse).

Une classification des douleurs est très difficile à réaliser, car les douleurs peuvent différer suivant leur *origine* (douleurs thermiques, mécaniques, etc.), suivant leur *cause* (douleurs traumatiques et spontanées), suivant leur *siège* (peau, muqueuses, organes des sens, etc.). Aussi, tout en admettant le caractère provisoire de toute classification, croyons-nous qu'on peut distinguer dans les douleurs quatre catégories :

1ᵉ *Douleurs mécaniques* . . { à localisation cutanée.
— musculaire.
des muqueuses, etc.

2ᵉ *Douleurs thermiques* . . { Froid. — Mêmes localisations.
Chaud. — Mêmes localisations.

<table>
<tr><td rowspan="2">3· Douleurs sensorielles . .</td><td>1. Douleurs produites par l'excitation des nerfs dolorifiques contenus dans les organes des sens, au moyen de l'excitant adéquat de l'organe sensoriel considéré.</td></tr>
<tr><td>2. Douleurs produites par l'excitation des nerfs dolorifiques contenus dans les organes des sens au moyen d'un excitant général (mécanique, thermique, etc.).</td></tr>
<tr><td>4· Douleurs viscérales. . .</td><td>Malaises, anxiété, angoisses, coliques, crampes, constrictions, brûlures et chaleurs internes, etc., etc.</td></tr>
</table>

Cette classification emprunte donc ses éléments à l'*origine* de la douleur pour les deux premières caté·gories, et elle emprunte ses éléments au *siège* de la douleur pour les deux dernières. Mais en réalité elle s'appuie sur ces deux bases à la fois.

Les deux premières catégories se rapportent presque exclusivement *à la peau*, et ici la douleur mécanique est nettement distinguée de la douleur *thermique* (par le froid ou par le chaud). Les douleurs *sensorielles* ne peuvent en aucun cas être confondues avec les premières, elles se distinguent aussi bien par leur siège que par leur qualité. On peut en dire autant des douleurs *viscérales* qui possèdent des caractères tout à fait particuliers. D'après quelques auteurs, et c'est l'opinion adoptée par Herbert Spencer, la douleur serait toujours due dans ces cas à l'excitation des filets cérébro-spinaux mélangés aux filets sympathiques proprement dits.

Les douleurs viscérales se distinguent par leur caractère vague, indéterminé, par leur manque de localisation et par leur irradiation même à des organes éloignés (synalgies). Elles éveillent facilement les réflexes et prédisposent aux syncopes par arrêt du cœur. Elles s'accompagnent d'un sentiment de gêne, d'anxiété, d'angoisse, d'inquiétude.

A un sens spécial il faut un excitant spécial, provoquant seul la mise en jeu de son activité fonctionnelle. Les sensations visuelles, olfactives, gustatives, etc., possèdent chacune un excitant adéquat et qui ne peut mettre directement en jeu les appareils des autres sens. Au contraire, les excitants de la douleur paraissent des plus divers et leurs variétés sans nombre. C'est même la raison qui a fait croire pendant longtemps que la douleur n'était pas un sens spécifique.

En effet, toute excitation quand elle atteint une certaine intensité, peut devenir douloureuse.

On sait que von Frey, Goldscheider, Alrutz, Thunberg et d'autres, ont démontré l'existence des nerfs dolorifères. Il y a donc *spécificité des organes*, servant à recueillir les excitations douloureuses.

L'une de nous (I. Ioteyko) a complété ces faits par une théorie qu'on peut appeler *théorie toxique de la douleur*, dans laquelle elle tâche de démontrer la *spécificité de l'agent* qui provoque les sensations douloureuses, autrement dit de l'*excitant de la douleur*.

Nous venons de voir que la douleur est produite par une excitation forte ; la douleur est produite par toute cause qui modifie profondément l'état du nerf. Or, il se pourrait que l'excitation forte qui produit la douleur ait des vertus différentes non pas seulement au point de vue quantitatif mais aussi au point de vue qualitatif. Elle n'agirait pas en tant qu'excitation forte, mais par les produits spécifiques qu'elle engendrerait. L'étude approfondie de la physiologie de la douleur, c'est-à-dire l'étude de la douleur par rapport à ses causes, nous permet de mettre en avant une théorie qui expliquerait le mécanisme intime de l'excitation dolorifique.

Max von Frey avait déjà admis qu'elle est d'origine chimique, c'est-à-dire que l'excitation mécanique nécessaire pour éveiller la douleur produirait des changements dans la concentration de liquides contenus dans les terminaisons nerveuses.

Nous dirons : *la douleur est due à une intoxication des terminaisons nerveuses dolorifiques*. L'excitant de la douleur est constitué par des *substances algogènes*, nées au moment de l'excitation forte.

Cette théorie n'est pas présentée sans arguments. Certains d'entre eux expliquent mieux que toute autre hypothèse les particularités de la douleur ; d'autres sont empruntées à des analogies.

Chaque excitation est liée à une transformation chimique. On admet aujourd'hui une origine chimique pour un grand nombre d'excitations. Est-il possible que la lumière, qui est l'excitant spécifique pour le nerf optique, puisse aussi agir sur les terminaisons du nerf ophtalmique ? Mais les vibrations lumineuses de l'éther n'agissent pas non plus directement sur les terminaisons du nerf optique ; on admet qu'elles produisent des modifications chimiques dans la rétine, et c'est la modification chimique qui agit à son tour comme un excitant sur les terminaisons du nerf optique. Il est donc facile à admettre que la modification chimique, dès qu'elle aura atteint une certaine forme (substances toxiques) grâce à son intensité, viendra agir comme un excitant sur les terminaisons des nerfs dolorifiques, qui réagissent par la sensation qui leur est propre.

Pour l'olfaction et la gustation, l'excitation est chimique dans tous les cas, aussi bien pour la perception que pour la douleur. Ainsi, pour la gustation par exemple, il est de toute évidence qu'un acide faible ne vient agir que sur les terminaisons du nerf lingual et du nerf glosso-pharyngien, sans atteindre les nerfs de la douleur, dont le seuil est plus élevé ; mais un acide plus fort ébranle les terminaisons des nerfs dolorifiques.

Quand on demande le pourquoi de cette différence, on trouve la réponse dans le fait de la toxicité des solutions concentrées des acides.· De même, si l'ammoniaque gazeuse fortement mélangée à l'air blesse notre muqueuse olfactive, c'est par le fait de sa toxicité.

Il en serait de même pour l'excitant mécanique; tant que les produits chimiques issus de cette excitation ne seraient pas toxiques, on n'aurait aucune douleur ; la douleur n'apparaîtrait qu'au moment de la formation de ces produits, qui seraient de nature définie et viendraient agir comme un excitant sur les terminaisons des nerfs dolorifères. C'est la compression de ces nerfs qui produit les douleurs atroces de crampes, des calculs hépatiques, du glaucome.

Pour avoir la sensation douleur, il n'est nullement nécessaire de supposer que la substance toxique doive être transportée au cerveau par voie sanguine. C'est l'ébranlement nerveux des terminaisons nerveuses qui se transmet au cerveau, ébranlement déterminé par l'action sur les terminaisons dolorifiques des poisons algogènes nés sur place au moment de l'excitation forte.

En réalité, la formation des substances algogènes n'est pas instantanée. Elle demande un certain temps. La douleur apparaît, en effet, bien plus tardivement que les autres sensations (tactiles, thermiques, acoustiques, visuelles, etc.). Un traumatisme violent nous donne d'abord la notion de contact ; la douleur ne se produit que quelque temps après. L'incision d'un abcès nous fait sentir d'abord le froid du bistouri ; ce n'est que quelque temps après que nous ressentons la douleur de l'incision. Alors que le *temps de la réaction nerveuse* est égal à $150\,\sigma$ (millièmes de seconde) pour les excitations tactiles et acoustiques, de $200\,\sigma$ pour les excitations optiques, il est de $900\,\sigma$, c'est-à-dire près d'une seconde, pour les excitations dolorifiques ! Autrement dit, la douleur est perçue beaucoup plus tard que toutes les autres sensations. Ce retard a été interprété de différentes façons ; pour les uns, il serait d'origine centrale ; pour les autres, il aurait une origine périphérique. Dans la théorie toxique, ce retard est non seulement explicable, mais il est quasi indispensable, car il serait dû au temps nécessaire à la formation et à l'accumulation des substances algogènes (1).

Et en poursuivant le même raisonnement, on arrive à comprendre pourquoi Ch. Richet, Goldscheider, et d'autres physiologistes, ont toujours constaté

(1) Le fait que dans certaines maladies des centres nerveux, notamment dans le tabès, le retard dans la perception dolorifique est encore plus considérable, n'enlève aucune valeur à cette théorie ; pour beaucoup d'auteurs, le retard aurait une origine périphérique, le tabès n'étant pas exclusivement une maladie médullaire, mais produisant aussi des modifications dans les nerfs périphériques.

que la douleur était due à la sommation des excitations. Pour expliquer le retard dans la perception douloureuse, disent Gad et Goldscheider, il ne faut pas oublier que chaque excitation mécanique produit une sensation double, dont les deux éléments sont séparés par un intervalle appréciable. C'est la seconde impression qui est douloureuse. Or, une onde électrique unique ne peut produire ce phénomène; pour le provoquer, il est indispensable de faire passer une série d'excitations. Les auteurs mentionnés sont par conséquent arrivés à cette conclusion que la sensation de douleur, qui apparaît après un intervalle plus ou moins long, est due à la sommation des excitations, et que la piqûre d'une épingle était donc analogue non à une excitation simple, mais à une série d'excitations. La sommation, d'après eux, se produirait dans la moelle. Nous croyons que notre théorie rend suffisamment bien compte de tous les faits pour admettre que la sommation est d'ordre chimique et qu'elle se fait à la périphérie sensitive. La douleur n'apparaît que quand les substances toxiques ont acquis une certaine concentration. Goldscheider dit aussi que non seulement l'intensité de la sensation douloureuse mais aussi l'intervalle au bout duquel elle apparaît, peuvent varier avec la force de l'excitant. Ces phénomènes se rattachent strictement à la quantité de toxines produites.

Si la douleur produite par une excitation forte et violente est due à la sommation des excitations, à plus forte raison il en est de même pour les douleurs dues à des excitations modérées mais de longue durée. Non seulement des douleurs légères mais sans cesse répétées peuvent occasionner des douleurs vio-

lentes, mais il arrive que le contact léger n'étant pas
senti, il devient douloureux quand il agit à la longue.
Ainsi, un grain de charbon tombant dans l'œil peut
amener à la longue des douleurs insupportables. On
sait en effet expérimentalement que la sensation de
douleur dépend non seulement de l'intensité de la
pression, mais aussi de la durée de la pression ; il
faut que cette durée dépasse certaines limites, dit
von Frey, pour que la sensation de la douleur atteigne
son maximum. C'est là le fait connu du retard des
sensations de douleur, et qui vient confirmer l'opinion soutenue par Naunyn, Ch. Richet, Goldscheider et Gad, que la douleur est due à la sommation,
à une addition latente d'excitations qui, étant isolées,
seraient impuissantes à provoquer la douleur.

La théorie toxique de la douleur donne une explication satisfaisante de tous ces faits. Il y a une grande
inertie dolorifique, par rapport aux autres sensations. Cette inertie serait due au temps nécessaire
pour l'élaboration et l'accumulation des substances
toxiques. D'ailleurs la longue durée des perceptions
lumineuses (200 σ au lieu de 150 σ) n'avait aussi cessé
d'intriguer les physiologistes, et cette longue durée
est expliquée non par un retard d'origine centrale ou
siégeant dans le nerf optique, mais bien par l'inertie
rétinienne. Il faut un certain temps à l'excitant lumineux pour produire les modifications chimiques dans
la rétine nécessaires pour exciter les terminaisons du
nerf optique. L'excitation dolorifique, qui exige des
changements bien plus profonds dans la constitution
du nerf, nécessite un temps encore plus long.

La douleur se caractérise aussi par sa persistance
et par son irradiation. Quand on touche avec une fine

pointe un point de pression, on a une sensation seulement au premier moment; elle disparaît bientôt, malgré la persistance de la pression. Pour un point de douleur, la sensation de douleur augmente peu à peu, atteint un maximum et puis diminue lentement; si on enlève la pointe, la sensation persiste encore pendant un certain temps. En pathologie, l'on sait que la douleur persiste souvent après que la cause provocatrice de la douleur a été enlevée. Quant à l'irradiation, c'est le fait bien connu du manque de localisation précise; la piqûre avec une pointe très fine s'irradie en étendue et en profondeur.

La persistance de la douleur aussi bien que son irradiation s'expliquent par la présence et la diffusion des substances algogènes.

Il nous reste maintenant à exposer quelques arguments qu'on peut invoquer par analogie.

On admet sans difficulté que la douleur très vive d'un phlegmon est due aux substances toxiques irritantes sécrétées par les microorganismes. L'inflammation d'une région quelconque de l'organisme (arthrites, ostéites, cystites, méningites), dit Ch. Richet, est due à la réaction des tissus contre les toxines sécrétées par les microbes.

Il est donc permis de parler de substances algogènes dans les inflammations. En généralisant, on comprendrait alors pourquoi des organes presque insensibles à l'état normal, deviennent douloureux quand ils s'enflamment. La sensibilité dolorifique de ces organes, obtuse à l'état normal, est terriblement exaltée par l'action combinée des toxines microbiennes et des toxines produites par la compression des nerfs lors de l'inflammation.

D'autre part, nous savons combien douloureuse est l'injection sous-cutanée des différents poisons; la douleur est quelquefois intolérable (mercure, sels métalliques en général, sel marin concentré).

Et, dans le même ordre d'idées citons le pouvoir dolorigène des *venins* animaux, destinés à la lutte pour l'existence, à se défendre et attaquer, à paralyser l'adversaire, grâce à la douleur atroce que provoque la piqûre ou la morsure.

Dans certains cas particuliers, le système nerveux central lui-même peut devenir douloureux, ainsi par exemple, dans l'anémie expérimentale du cerveau. Ici encore on peut invoquer l'action des toxines, qui se forment en abondance durant la vie partiellement anaérobie des tissus. La toxicité du sang asphyxique a été expérimentalement démontrée. Or, aucune partie du système nerveux central n'est jamais sensible au toucher. Les nerfs du toucher ne seraient pas sensibles aux poisons. Ces expériences permettent d'établir une démarcation quasi-irréductible entre le sens du toucher et le sens de la douleur.

Il semble donc qu'il soit permis de généraliser, en disant que non seulement la douleur pathologique, la douleur par injection des poisons ou des venins, et la douleur d'origine centrale, mais aussi la douleur traumatique, c'est-à-dire produite par piqûre, déchirure, compression, tiraillement, froissement, arrachement, contusion, etc., est due, elle aussi, à un phénomène toxique, qui serait à la base de toute sensation de douleur, de quelque nature qu'elle soit. La théorie toxique de la douleur (substances algogènes) nous apparaît non moins probante que la théorie toxique de la fatigue (substances ponogènes).

Et en parlant des douleurs pathologiques, il ne faut pas perdre de vue la fréquence des migraines et d'autres manifestations douloureuses dans les maladies par ralentissement de la nutrition (arthritisme, diabète, etc.) et dans les infections et maladies virulentes (syphilis, impaludisme). Ces manifestations morbides, y compris l'anémie, sont en effet dues à l'intoxication, soit interne, soit externe.

Nous croyons ainsi avoir expliqué le mécanisme intime de la naissance des sensations dolorifiques lors de l'excitation mécanique des tissus, lors de leur excitation microbienne, et aussi lors de l'excitation des organes de la sensibilité dite spéciale (vision, olfaction, gustation, etc.).

Il nous reste à parler des brûlures. Les brûlures constituent une source importante des douleurs traumatiques. Par quel mécanisme peut-on expliquer la douleur thermique ?

Pour répondre à cette question, il faut rappeler les diverses théories qu'on a mises en avant pour expliquer la mort par brûlure locale. Les opinions se partagent entre le système nerveux, le sang et l'intoxication.

Sous son ancienne forme, la théorie de l'intoxication attribue l'origine des accidents mortels à la suppression des fonctions de la surface cutanée et rétention de certains produits toxiques. Mais on a objecté que le mécanisme de la mort par vernissage de la peau n'est pas le même que celui des brûlures.

Sous sa nouvelle forme cette théorie semble se prêter mieux que toute autre aux principes de la pathologie générale. Le poison qui provoque la mort des individus brûlés n'est pas un poison normal retenu par l'organisme, mais une substance nouvelle qui se forme sous l'influence de la brûlure par suite de la destruction des tissus. Reiss a vu que la toxicité des urines des individus brûlés est considérablement augmentée et que les animaux injectés avec cette urine succombent rapidement avec les symptômes caractéristiques des brûlures très étendues. Ces substances appartiendraient au groupe pyridique.. Finalement, Kianicine, en analysant le sang et les organes des animaux brûlés, a pu en extraire, par le procédé de Brieger, une ptomaïne, qui offre l'aspect d'une substance amorphe, jaunâtre, d'une odeur âcre et désagréable, facilement soluble dans l'eau et dans l'alcool, insoluble dans l'éther, et qui se rapproche par ses propriétés chimiques de la peptotoxine isolée par Brieger dans les liquides de la digestion gastrique. Cette substance, injectée aux animaux, porte surtout son action sur le cerveau et le bulbe; elle donne lieu à une somnolence et à une torpeur marquées et provoque le ralentissement de la respiration et du cœur en arrêtant cet organe en diastole. Ce poison ne se trouve pas dans le sang ni dans les organes des individus normaux. Il n'est pas un produit de l'infection septique des tissus mortifiés.

Mortelles ou non, les toxines produites par les brûlures locales de la peau déterminent l'excitation nécessaire pour agir sur les nerfs dolorifères. Ainsi s'explique la douleur thermique.

Dans les brûlures, la destruction des tissus peut être plus ou moins profonde et plus ou moins étendue; mais, pour qu'il y ait douleur, il faut que les nerfs dolorifiques ne soient pas détruits. En l'ab-

sence des nerfs, la douleur ne pourrait être perçue.
Il est impossible de se prononcer à l'heure actuelle,
si les substances algogènes sont dues à la décompo-
sition chimique des terminaisons nerveuses ou bien
à la destruction d'autres tissus. Cette dernière supposition ne paraît pas impossible. Bien des fonctions
sont assurées dans la nature grâce à la destruction
de certains éléments anatomiques. Et l'opinion de
Tschitch, à savoir que la douleur serait le résultat
de la mortification des tissus, trouverait ici une confirmation.

C'est ainsi que les particularités les plus caractéristiques de la sensation-douleur se trouvent expli-
quées. La théorie toxique de la douleur ne peut pré-
tendre à l'heure actuelle de donner l'explication de
toutes les analgésies, des phénomènes de transfert,
de la suppression des douleurs violentes sous l'influence du sommeil hypnotique ou simplement de
la suggestion à l'état de veille. A cet effet, il serait
nécessaire de connaître le mécanisme des états morbides qui servent de base à ces manifestations. Mais
il est permis de supposer que, dans ces cas, ou bien
la formation des substances algogènes se produit
comme à l'état normal et seule la perception de la
douleur est absente ; ou bien que sous l'influence de
l'anesthésie générale, de la suggestion, etc., il y a
diminution des échanges organiques sous l'influence
de la paralysie centrale et consécutivement non-for-
mation des substances algogènes. Cette dernière supposition est très séduisante. Elle expliquerait pourquoi dans le sommeil anesthésique aussi bien que dans
le sommeil hypnotique la sensibilité à la douleur disparaît la première et est la dernière à revenir. Comme

la production des substances algogènes demande une transformation de la matière poussée assez loin, on comprendrait pourquoi sous l'influence de l'anesthésie générale qui diminue l'intensité des échanges de moitié si ce n'est davantage la suppression de la sensibilité dolorifique serait si précoce. Elle serait due à l'insuffisance des transformations chimiques, qui s'arrêteraient à mi-chemin et seraient impuissantes à donner naissance aux substances algogènes. Dans les mêmes conditions, l'excitation des autres organes sensoriels, œil, oreille, etc., produirait encore son plein effet. On comprendrait aussi pourquoi dans l'anesthésie locale produite par le froid, etc., c'est aussi la sensibilité à la douleur qui est la première à disparaître : le froid. paralyse les transformations chimiques et cette paralysie est funeste avant tout pour les nerfs de la douleur, dont l'excitant naturel est de nature toxique. Cette explication ressemble à celle qu'avait formulée Ch. Richet en disant que la douleur est due à une vibration forte du système nerveux et le chloroforme diminue l'amplitude de la vibration.

Nous remplaçons cette donnée par la notion de substances toxiques, notion qui permet de donner une explication satisfaisante des phénomènes les plus essentiels de la douleur, et nous dirons que l'action analgésiante du chloroforme et d'autres substances, pourrait être due à l'inhibition des échanges sous l'influence de ces poisons du système nerveux, et consécutivement à la non-production de l'excitant périphérique de la douleur au moment de l'excitation des nerfs dolorifiques.

La théorie que nous venons d'esquisser se prête à

des vérifications. Quelles sont ces substances algogènes ? Elles sont difficiles à mettre en évidence, car la douleur s'accompagne toujours de contractions musculaires. Mais il y a des moyens détournés pour étudier ces substances.

Grützner a étudié les sensations de douleurs produites par l'application de solutions salines sur de petites coupures de doigt. Les sels de sodium agissent d'autant plus énergiquement que leur poids moléculaire est plus élevé.

# CHAPITRE XIII

## LA DOULEUR DANS L'ENFER DE DANTE

Le génie immortel de Dante s'est plu à peindre toutes les douleurs morales et physiques qu'il est possible de concevoir, dans sa description des horreurs de l'Enfer. De son œuvre puissante nous n'extrayons que quelques exemples de douleurs physiques.

. . . . . . . . . . . . . . . . . .

*Chant III.* — « Vous qui entrez, laissez toute espérance. »

Ces paroles, je les vis écrites en caractères noirs sur le haut d'une porte ; aussi je m'écriai : « Maître, le sens de ces paroles me semble dur ».

Et lui comme un homme plein d'assurance : « Il faut ici laisser toute crainte ; il faut qu'en soi toute lâcheté soit morte ».

« Nous sommes arrivés au lieu où je t'ai dit que tu verrais les races plaintives qui ont perdu le bien de l'intelligence. »

Alors il mit sa main dans ma main d'un air riant qui raffermit mon courage, et il m'introduisit au milieu des choses secrètes.

Là, des soupirs, des plaintes, de profonds gémissements résonnaient sous l'air sans étoiles, de sorte que je me mis à pleurer.

. . . . . . . . . . . . . . . . . .

Et voici sur un esquif venir à nous un vieillard blanc, criant : « Malheur à vous, âmes perverses ! N'espérez jamais de revoir le ciel ; je viens pour vous mener à l'autre rive, dans les ténèbres éternelles, dans le chaud et dans le froid. »

*Chant V.* — « Ainsi je descendis du premier cercle dans le second, qui renferme moins d'espace, mais d'autant plus de douleur : douleur poignante jusqu'aux cris. »

Dante décrit la *douleur* (1) d'être emporté dans un tourbillon.

« La trombe infernale, qui jamais ne s'arrête, emporte les esprits dans son tourbillon, les fait tourner sans cesse, les frappe et les tourmente. Quand ils se trouvent devant ce souffle, leur supplice, ils grincent des dents, se plaignent, se lamentent ; ils blasphèment la vertu divine.

« J'appris qu'à ce tourment sont condamnés les pécheurs charnels qui soumettent la raison aux appétits des sens. »

Dante rencontre Françoise de Rimini et Paul, son amant. Françoise lui dit : « Il n'est pas de plus grande douleur que de se rappeler un temps heureux dans la misère, et ton maître le sait bien. Mais, si tu as un si grand désir de savoir quelle fut la première racine de notre amour, je ferai comme celui qui pleure et parle tout à la fois. Nous lisions un jour par passe-temps les aventures de Lancelot, et comment il fut épris d'amour ; nous étions seuls et sans aucune défiance. Plusieurs fois cette lecture fit nos yeux se chercher et notre visage changer de couleur ; mais ce fut un seul passage qui décida de nous. Quand nous vîmes le doux sourire de l'amante couvert par le baiser de l'amant, celui-ci, qui jamais ne sera séparé de moi (2), me baisa la bouche, tout tremblant ; ce jour-là nous ne lûmes pas davantage. »

*Chant VI.* — Troisième cercle ou celui des Gourmands.

« Je suis au troisième cercle de la pluie éternelle, maudite, froide et lourde ; elle tombe toujours la même et de même. Une grêle épaisse mêlée d'une eau noirâtre et de neige tombent à verse sous ce ciel obscur. Cerbère, bête cruelle et monstrueuse, aboie de ses trois gueules de chien contre les damnés qui sont là submergés. La pluie les fait hurler comme

(1) Douleur *mécanique.*
(2) Dante n'a pu se résigner à punir les amants en les séparant l'un de l'autre.

des chiens ; les misérables damnés se font les uns aux autres
un rempart de leurs flancs et se retournent sans cesse (1). »

*Chant VII.* — Quatrième cercle, celui des Prodigues et
des Avares. Ils sont condamnés à s'entre-choquer éternelle-
ment (2).

« Pour avoir mal donné et mal gardé (dit Virgile), ils ont
perdu le monde céleste, et sont condamnés à ce combat.
Pour te peindre ce combat, il n'est pas nécessaire de l'em-
bellir par mes paroles.

« Tout l'or qui est sous la lune, ou qui y fut autrefois, ne
pourrait donner un instant de repos à une seule de ces âmes
fatiguées. »

« Et moi, qui à regarder me tenais attentif, je vis les âmes
fangeuses, dans ce bourbier, toutes nues et les traits irrités ;

Elles se frappaient non seulement avec les mains, mais avec
la tête, et avec la poitrine, et avec les pieds, et elles se déchi-
raient des dents morceau par morceau.

*Chant X.* — Sixième cercle, celui des Hérétiques. Ils
sont plongés dans des tombes de feu (3).

« Pourrait-on voir ceux qui gisent dans les sépulcres ? Tous
les couvercles sont levés et personne ne fait la garde à l'en-
tour. »

Et lui à moi : « Tous seront fermés quand les âmes revien-
dront ici de Josaphat avec les corps qu'elles ont laissés là-
haut.

« Épicure et tous ses sectateurs, qui font mourir l'âme avec
le corps, ont leur cimetière de ce côté. »

*Chant XI.* — Continuation du sixième cercle, celui des
Hérétiques. Horrible puanteur (4).

*Chant XIII.* — Cercle des Violents contre eux-mêmes. Les
suicidés sont emprisonnés dans des arbres et des buissons.
Les Dissipateurs sont poursuivis par des chiens.

(1) Douleur *thermique*, douleur par *morsure*. Épouvante, désola-
tion.
(2) Douleur *mécanique*, *fatigue*, *dépit*.
(3) Douleur *thermique*.
(4) Douleur *olfactive*.

« Alors, j'étendis la main un peu en avant et cueillis une branche d'un grand arbre, et son tronc cria : « Pourquoi me casses-tu ? Pourquoi me déchires-tu (1) ? N'as-tu aucun sentiment de pitié ? Nous avons été hommes et maintenant nous sommes devenus des arbres ; ta main aurait dû être plus compatissante quand même nous aurions été des âmes de reptiles. »

*Chant XIV.* — Cercles des Violents contre Dieu, contre la Nature, contre la Société. — Sur toute l'arène pleuvaient lentement de larges flocons de feu (2), pareils à ceux de la neige des Alpes, quand il ne fait pas de vent. Ainsi descendait le feu éternel, et l'arène s'embrasait comme l'amorce sous la pierre, pour doubler la souffrance des âmes.

*Chant XVII.* — Cercle des Usuriers. — Leur souffrance leur sortait pas les yeux ; deçà delà, à l'aide de leurs mains elles repoussaient tantôt les vapeurs et tantôt le sable brûlant (3).

*Chant XVIII.* — Huitième cercle, ou des Fraudeurs.— Il se divise en dix fosses. — Dans la première, les Rufiens et les Séducteurs sont fustigés par les Démons. — Dans la seconde, les Flatteurs et les Courtisans sont plongés dans une mare d'immondices (4).

*Chant XIX.* — Troisième fosse du huitième cercle, ou des Simoniaques. — Leurs corps sont enfoncés dans la fosse et leurs jambes sont dévorées par les flammes (5). — Le pape Nicolas III.

O magicien Simon (6), ô misérables sectateurs, âmes rapaces qui prostituez par or et par argent les choses de Dieu, qui devaient être les épouses de la vertu.

(1) Douleur *mécanique.*
(2) Douleur *thermique.*
(3) Douleur *thermique.*
(4) *Dégoût.*
(5) Douleur *thermique.*
(6) Simon, magicien de Soumarie, offrit de l'argent à saint Pierre pour acheter de lui le don des langues et des miracles, et il fut maudit par les apôtres : les simoniaques sont ceux qui, comme Simon, font trafic des choses spirituelles.

C'est pour vous maintenant que va résonner la trompette, puisque vous êtes dans la troisième fosse.

*Chant XX.* — Cercle des Devins. — Leur face était tournée vers les reins et il leur fallait marcher à reculons, parce qu'ils avaient perdu la faculté de voir en avant.

*Chant XXI.* — Huitième cercle, renfermant ceux qui tra-fiquent de la Justice. Ils sont plongés dans un lac de poix bouillante (1).

*Chant XXIII.* — Cercle des Hypocrites. — Ils marchent courbés sous une chape de plomb (2).

O manteau fatigant pour l'éternité ! Nous tournâmes encore la main gauche et marchâmes avec ces âmes, écoutant leurs tristes gémissements.

*Chant XXIV.* — Cercle des Voleurs. Ils sont piqués par d'horribles serpents (3).

*Chant XXVI.* — Cercle des mauvais Conseillers. — Ils sont dans les flammes (4). Ulysse raconte au poète sa vie errante et sa mort.

*Chant XXVIII.* — Cercle des Fauteurs de scandale, de schismes et d'hérésies. — Ils sont sans cesse tailladés par l'épée d'un démon.

*Chant XXIX.* — Cercle des Charlatans et des Faussaires. — Ils sont couverts de lèpres.

*Chant XXX.* — Trois sortes de Faussaires. — 1° Ceux qui prennent la figure d'autres personnes ; ils ne cessent de se poursuivre en se mordant. — 2° Les Faux Monnayeurs ; ils sont attaqués d'hydropisie et d'une soif inextinguible. — 3° Les Calomniateurs ; la fièvre les dévore.

*Chant XXXI.* — Cercle des Traîtres. — Certains d'entre eux sont plongés dans un lac glacé. Le poète y rencontre Ugolin qui mangea ses propres fils pour apaiser sa faim.

(1) Douleur *thermique.*
(2) Douleur *mécanique, fatigue.*
(3) *Piqûre* et *épouvante.*
(4) Douleur *thermique.*

*Chant XXXIV.* — Enceinte de Judas et des Traîtres envers leurs bienfaiteurs. Lucifer y est enchaîné. — Déjà j'étais au lieu où les ombres, toutes couvertes de glace, ressemblaient sous la transparence à des fétus dans du verre.

Lucifer me parut d'une étonnante merveille quand je vis trois faces à sa tête. Tout autour de lui le Cocyte était tout gelé (1) ; de ses six yeux il pleurait, et sur ses trois mâchoires coulaient les larmes et une bave sanglante. De chaque bouche il brisait avec les dents un pécheur comme ces machines qui broient le lin, de sorte qu'il faisait ainsi trois malheureux.

Cette âme qui, là-haut, souffre la plus grande douleur, dit le maître, est Judas Iscariote, qui agite sa tête au-dedans de la bouche et ses jambes au dehors.

Et enfin vous sortîmes pour revoir les étoiles.

(1) Il est intéressant de remarquer qu'après avoir épuisé toutes les formes de la douleur mécanique et de la douleur thermique par le chaud, le poète ait réservé aux traîtres la douleur thermique par le froid, comme le plus cruel des châtiments. Contrairement aux Écritures, Lucifer n'est pas condamné aux flammes éternelles mais il expie sa faute en souffrant d'un froid glacial.

# CHAPITRE XIV

## DE QUELQUES CARACTÈRES PHYSIOLOGIQUES ET PSYCHOLOGIQUES DE LA DOULEUR

Excitants externes et internes. — Excitants généraux et spécifiques.
— L'appréciation du temps dans la douleur. — Irradiation. —
Intermittence. — Addition latente. — Retard dans la perception. —
— Douleurs physiologiques et pathologiques. — Les hyperesthé-
sies. — Les douleurs d'habitude. — Douleurs des amputés. —
Les synalgies. — Résistance à la douleur. — Sorciers et fakirs.
— Douleurs de souvenir. — Topoalgies.


La douleur est une sensation, puisque par sensation on appelle le phénomène de conscience qui succède directement à une excitation des organes sensoriels. Dans les chapitres précédents nous avons été
amenés à considérer la douleur comme un sens distinct, dont les organes périphériques se trouvent
disséminés dans la surface tégumentaire et dont les
organes percepteurs se trouvent dans le cerveau.

Depuis l'introduction des excitateurs punctiformes
dans l'étude de la psychologie de la peau, il a été
reconnu que la surface tégumentaire est le siège de
quatre sens bien délimités: 1° pour le froid ; 2° pour
le chaud ; 3° pour la pression ; 4° pour la douleur, et chacun de ces sens est subordonné à la loi de l'énergie

spécifique, c'est-à-dire qu'il répond par la sensation qui lui est propre à tous les excitants venus du dehors.

Il en résulte que les anciennes classifications psychologiques doivent être changées.

En premier lieu, la distinction des excitants en *externes* et *internes* n'est pas aussi stricte qu'on l'avait cru. La douleur est une sensation externe en même temps qu'une sensation interne, car son siège se trouve dans les tissus de revêtement (peau, muqueuses), et cés dernières recouvrent la surface externe du corps et tapissent les cavités internes. Et même les muqueuses des organes sensoriels dits spécifiques, tels que l'œil, l'oreille, la muqueuse pituitaire et linguale, renferment, à côté des terminaisons du nerf spécifique, encore des terminaisons d'autres nerfs, tels que les nerfs de la pression, de la douleur, du chaud et du froid (ou de certain d'entre eux seulement, voir : cornée, conjonctive, p. 75). Nous savons maintenant à quoi est due la douleur des organes des sens. Elle ne peut jamais être le résultat de l'excitation même extrêmement forte des nerfs sensoriels de l'ouïe ou de la vision ; on sait, en effet, que même la section du nerf optique et du nerf acoustique chez les animaux n'est pas accompagnée de douleur. La douleur sensorielle ne peut être due qu'à l'irritation des nerfs dolorifiques se trouvant dans le tronc commun du nerf de la sensibilité générale ou bien de l'irritation des terminaisons des nerfs dolorifiques venant se terminer dans les membranes enveloppantes de l'organe sensoriel. Ainsi que M. von Frey l'a montré, il existe deux seuils pour la peau : un seuil, situé plus bas, pour les sen-

sations de pression ; un seuil situé plus haut, pour
la douleur. Ces deux sensations sont distinctes localement. Mais il existe des régions qui sont sensibles
seulement à la pression, d'autres seulement à la douleur. Ces dernières possèdent un seul genre de terminaisons nerveuses, les terminaisons dolorifiques,
et ne possèdent qu'un seul seuil, qui ne se trouve pas
placé plus haut que le seuil de la pression de la peau,
et peut même se trouver beaucoup plus bas (cornée).
La conjonctive ne ressent que la douleur et le froid,
mais pas le contact.

Rien ne s'oppose à supposer que de même les
muqueuses tapissant les organes internes peuvent
être plus ou moins sensibles à la douleur, suivant le
nombre et le degré de la sensibilité des terminaisons spécifiques des nerfs de la douleur qu'elles renferment. Leur sensibilité serait accrue dans les inflammations, probablement par suite de l'irritation
produite par les sécrétions microbiennes, par la compression des tissus due à l'inflammation, et peut-être
aussi par néo-formation.

En outre, la notion des excitants *généraux* doit su-
bir une modification profonde. On distingue les excitants externes en *généraux* et *spécifiques*. Les excitants spécifiques portent leur action d'une façon ex-
clusive sur un organe sensoriel particulier. Quatre
organes sensoriels possèdent des excitants spécifiques:
l'œil, l'oreille, l'organe olfactif et l'organe gustatif.
Au contraire, les excitants généraux, qui sont : 1º la
pression mécanique ou le choc ; 2º l'électricité ; 3º les
variations du calorique ; 4º les effets chimiques, produisent la sensation quand ils sont appliqués à n'importe quel organe de sens. D'après cette ancienne

classification, la peau ou l'organe tactile occuperait une place à part, car il n'existe pas pour elle d'excitants sensoriels spécifiques.

Nous avons vu dans les chapitres qui précèdent que le soi-disant *sens général de la sensibilité* se décompose en réalité en plusieurs organes de sens. La pression est l'excitant spécifique des nerfs de la pression ; le froid, la chaleur, l'excitation mécanique assez forte pour produire la douleur, sont les excitants des nerfs spéciaux, qu'ils se trouvent dans la peau ou dans n'importe quel autre organe sensoriel. Quant aux actions chimiques, elles peuvent agir sur toutes les catégories des nerfs, suivant leur intensité et leur nature. L'action de l'électricité n'est pas encore complètement élucidée, mais elle est probablement d'ordre chimique. Il n'existe donc pas d'excitants généraux, dans le sens que lui avait attribué l'ancienne psychologie, qui considérait la peau comme un organe sensoriel unique. La confusion n'est plus possible aujourd'hui après les découvertes de l'époque récente.

La délimitation exacte des divers organes sensoriels est encore très difficile dans l'état actuel de nos connaissances ; cela explique pourquoi surgissent de temps en temps de nouveaux sens. Grâce aux perfectionnements techniques et grâce aussi aux idées théoriques qui guident les recherches, il a été possible de dégager du chaos des perceptions qui affluent constamment à notre cerveau, des catégories bien distinctes, ayant pour base un substratum anatomique. Quant à la peau, il a été reconnu par des méthodes rigoureuses qu'elle est le substratum de quatre sens bien distincts ; ce nombre peut augmenter dans l'avenir. Il n'y a rien d'inquiétant dans cette analyse aussi loin poussée. On pourrait se demander, en effet, quelle sera la limite qu'il faudra assigner à cette analyse ; du moment que la douleur est considérée comme un sens spécial, pourquoi ne pas en faire autant pour la sensibilité électrique, qui est très particulière, pour le chatouillement, et encore pour d'autres modes de la sensibilité cutanée. Cette objection serait toute superficielle. Pour admettre l'existence d'un sens particulier, localisé dans un organe déterminé, il ne suffit pas de se baser uniquement sur les phénomènes subjectifs. Il faut savoir si l'état de conscience obtenu est une sensation pure. Or, à ce point de vue la plus grande confusion n'a cessé d'exister. Prenons l'électricité comme exemple. Quand le courant est faible, l'électricité produit la sensation de fourmillement bien connue, due probablement à l'excitation des nerfs du tact par action chimique (ou peut-être à l'excitation des nerfs spécifiques). Mais quand le courant est fort, il n'agit plus sur les mêmes nerfs ; il agit sur les nerfs de la douleur. Quant au chatouillement, il éveille puissamment les actions réflexes viscérales et devient insupportable malgré le peu d'intensité de la force excitatrice. Nous voyons ainsi que, pour l'électricité, il s'agit en réalité de l'excitation de deux catégories de nerfs *suivant l'échelle de l'excitation*. Le même fait se produit pour la perception thermique et la douleur thermique. Et, quant au chatouillement, ce n'est pas une sensation pure.

Nous avons déjà parlé du côté affectif de la douleur, qui la fait distinguer de toutes les autres sensations (p. 21). Le côté affectif de la douleur en rend toute mesure très difficile. On peut évaluer une sensation (loi psycho-physique), mais il est très difficile, sinon impossible, d'évaluer exactement un sentiment. On peut évaluer la douleur soit en observant ses manifestations, les signes de la douleur, soit en employant les algésimètres qui donnent la mesure du seuil de la douleur, c'est-à-dire la douleur à peine perceptible (voir p. 56). Le seuil de la douleur se mesure avec grande précision, mais il n'en est plus de même lorsqu'il s'agit de douleurs fortes.

Si on apprécie la durée du sentiment, celui qui semble plus long, c'est la douleur ; le plaisir au contraire paraît très court. Plus l'intensité de la douleur est grande, plus devient grande l'attente d'en être soulagé ; et dans cette tendance, le temps semble plus long. On peut donc dire que, dans la douleur, *l'appréciation du temps devient plus longue.*

Comme la douleur a laissé des traces plus sensibles et qu'elle est restée plus longtemps dans l'attente de la conscience, elle apparaît dans la mémoire beaucoup plus longue que le plaisir et est rappelée beaucoup plus facilement que lui. La douleur, qui se rapporte à un effet nuisible à l'organisme, doit laisser des résidus très considérables et des traces très profondes. Un plaisir reproduit est donc pour nous beaucoup plus fugitif qu'un plaisir réel, mais la mémoire d'une douleur est encore proportionnée à la douleur originelle. Qui donc, en lisant l'*Enfer* de Dante, n'a pas admiré la force, la vigueur, le style imagé des pages consacrées à la description des tourments de l'enfer ! Et combien insignifiantes et pâles paraissent les descriptions des joies célestes !

Cette tonalité si accentuée de la douleur et sa persistance dans la mémoire en explique le rôle esthophylactique (voir p. 23) et aussi l'influence de la douleur sur le caractère de l'individu et sur son développement mental. Le rôle éducateur de la souffrance physique s'explique aisément.

Le caractère fugitif du plaisir peut aussi être considéré comme souverainement utile pour l'individu. Si le souvenir des plaisirs passés était toujours présent dans notre esprit, nous n'aurions qu'une faible tendance à rechercher des plaisirs nouveaux. Mais nous sommes organisés de façon à être toujours à l'affût des joies nouvelles et nous redoutons la souffrance. L'émotion douloureuse persiste longtemps. Ce qui fait la conscience de l'homme, c'est la douleur, a dit Gœthe.

IRRADIATION. — Une douleur forte n'est jamais localisée, elle a de la tendance à l'irradiation. Mais c'est à tort qu'on emploie l'excitant électrique pour démontrer ce phénomène, car dans ce cas ce n'est pas l'irradiation de l'excitation qu'on étudie, mais bien l'irradiation de l'excitant.

L'irradiation de la douleur se démontre le mieux avec les excitants mécaniques, en enfonçant, par exemple, une pointe métallique dans la peau. La douleur est sentie en cercle, et souvent aussi on ressent des élancements douloureux.

L'irradiation de la douleur s'observe aussi dans les maladies (névralgie dentaire, coliques hépatiques, coliques néphrétiques).

L'erreur de localisation est constante dans l'hémianesthésie de cause cérébrale, dans certaines paraplégies par myélite, dans le tabes, dans la névrite sensitive.

Binet a constaté, dans ses expériences sur les hystériques, l'absence de localisation de la douleur. Il procédait en partant d'une excitation quelconque sur une région sensible, puis il renouvelait cette même excitation en la rendant douloureuse. Il a pu ainsi établir un parallèle entre la sensation tactile indifférente et la sensation douloureuse. La douleur émousse la perception de la forme, du nombre et de la distance ; par exemple, quand il y a douleur, la sensation de la pointe d'une aiguille ne peut plus être distinguée de la sensation de la tête ; les deux pointes du compas se confondent à une distance où le sujet les distinguait, si les deux sensations n'étaient pas douloureuses. La surface des objets appliqués sur la peau paraît agrandie.

La propagation de la douleur se fait quelquefois à distance, comme dans les *synalgies* (décrites par de Fromentel et Kowalewsky).

L'*allochirie* est l'impossibilité de reconnaître le côté du corps qui est excité. Obersteiner, Ferrier, Fischer et Hamond en ont signalé des exemples.

Intermittence. — Les douleurs, même les plus fortes, ne sont pas absolument continues. Elles ont des redoublements et des ralentissements. Ces caractères ont servi pour le classement des douleurs. Il est probable que l'intermittence des douleurs est due à la perte de l'excitabilité nerveuse. C'est dans les névralgies qu'on observe le plus nettement l'intermittence des accès douloureux.

Addition latente. — Fusion. — Une excitation extérieure, insuffisante pour produire la douleur, devient

efficace quand elle agit à la longue (voir p. 193).
Il y a accumulation des excitations. D'autre part,
des excitations efficaces ont aussi de la tendance à se
fusionner. Ces phénomènes sont directement liés au
retard qu'on observe dans la perception douloureuse
et peuvent être comparés au tétanos musculaire qu'on
observe par la fusion des secousses élémentaires.

RETARD.—La douleur apparaît bien plus tardivement
que la sensation tactile et la sensation thermique.
Un traumatisme violent nous donne d'abord la notion
de contact ; la douleur ne se produit que quelque
temps après. L'incision d'un abcès nous fait sentir
d'abord le froid du bistouri ; ce n'est que quelque
temps après que nous ressentons la douleur de l'incision. Ce retard peut aller jusqu'à 30 secondes dans les
cas extrêmes (certaines maladies). Il est d'autant plus
grand qu'on examine des régions de la peau plus
éloignées de la racine des membres. Ce retard diminue à mesure que l'excitation augmente d'intensité,
et pour une excitation très forte il est à peine perceptible.

A l'état normal il est beaucoup moins accentué
que dans certaines maladies, mais il se laisse facilement reconnaître même dans la vie quotidienne.
Une piqûre sera d'abord perçue comme un seul contact puis, quelque temps après apparaîtra la sensation de douleur.

On appelle *temps de réaction* le temps qui s'écoule
depuis l'excitation d'un organe de sens jusqu'à un mouvement volontaire fait par le sujet en réponse à l'excitation. Ce temps est égal environ à 150 σ (millièmes
de seconde) pour les excitations tactiles et acous-

tiques, de 200 σ pour les excitations optiques. Mais pour la douleur ce temps est beaucoup plus prolongé.

Le phénomène du retard des sensations douloureuses fut observé pour la première fois par Cruveilhier et vérifié ensuite par Leyden, Ch. Richet, Topinard, Weir, Mitchell, Remak, Naunyn, Rosenbach, Goldscheider, Watteville. Il y a longtemps déjà, Beau avait remarqué que la douleur est en retard de quelques dixièmes de seconde sur la sensation tactile. A l'état pathologique le retard est surtout apparent dans l'hypoesthésie, l'hyperesthésie, dans le tabes dorsalis et dans la névrite périphérique. Remak attira l'attention sur ce fait, que la sensation de pression et la sensation douloureuse sont séparées par un intervalle vide de sensation ; de façon qu'une piqûre d'aiguille donne lieu à une sensation double. En même temps, Naunyn décrivit la sensation double pour une piqûre d'épingle dans le tabes, ce qui paraissait vraisemblablement identique avec le phénomène du retard des sensations douloureuses, qu'on avait déjà antérieurement observé dans le tabes et qui était expliqué grâce aux expériences de Schiff. Consécutivement à des modifications pathologiques dans la substance grise, la résistance fonctionnelle était augmentée et la transmission retardée· Mais plus tard on s'aperçut que ce phénomène pouvait aussi être dû à une cause périphérique. En comprimant les troncs nerveux, Leyden et Goltz obtinrent un retard dans la contraction musculaire. Lüderitz obtint même un retard dans la perception douloureuse en comprimant le nerf sciatique du lapin. De même au point de vue clinique, on trouva des faits permettant de ramener le phénonène à des causes périphériques. Kraussold publia, en 1877, deux cas de lésions du nerf ulnaire avec retard de la sensation douloureuse. Erb observa le même phénomène dans un cas de névrite traumatique, et un cas semblable fut publié par Westphall. Plus tard, le même phénomène fut observé dans la polynévrite par G. Fischer, Strümpell, Vierordt, Loewenfeld, Déjerine, Oppenheim. Il n'y avait donc plus aucun doute à cet égard ; ce phénomène, qui avait été considéré comme pathognomonique pour les affections spinales, pouvait encore avoir une origine périphérique. En même temps, et indépendamment de ces considérations, se modifièrent dans le même sens les opinions sur la nature du tabes. Le tabes, considéré antérieurement comme une maladie purement médullaire, atteint également les nerfs périphériques, comme le fait a été prouvé par une série de chercheurs français et allemands. La dégénérescence du nerf sciatique dans le tabes fut observée pour la première fois par Leyden. De même, les symptômes du tabes peuvent être expliqués en partie par des lésions périphériques, par exemple les troubles de la sensibilité, du sens musculaire, d'ataxie. Déjà, en 1883, Déjerine voulait ramener le retard des perceptions douloureuses à la dégénérescence des nerfs périphériques, en trouvant qu'il était inutile de chercher une explication dans les processus spinaux.

En appliquant simplement la montre à secondes, Goldscheider trouva que dans le tabes la douleur était sentie au bout de 2 à 2,5 secondes après l'excitation et qu'elle se prolongeait avec grande intensité et s'irradiait. Les chocs légers, ainsi que le courant faradique faible n'étaient pas sentis. Chez d'autres

malades, en employant le polygraphe de Grunman,
le même auteur put se convaincre que la sensation tactile ayant été signalée au bout de 0,34 seconde, la douleur demandait en moyenne 1,2 seconde.

D'après Egger, dans certaines maladies de la substance grise, le retard de la perception douloureuse
peut être d'une demi-heure à trois heures. Dans les
cas de ce genre, il est arrivé à éveiller la sensation
après une minute ou une demi-minute de piqûres
continuelles, c'est-à-dire après un nombre de piqûres
variant entre 1.500 et 3.000. Aucun cas d'analgésie,
ajoute Egger, ne résiste à cette répétition des excitations.

Pour expliquer le mécanisme du ralentissement
de l'influx douloureux dans les nerfs périphériques
à l'état pathologique, il faut avoir présent à l'esprit
ce qui se passe à l'état normal. Chaque excitation mécanique produit une sensation double, dont les deux
éléments sont séparés par un intervalle appréciable.
C'est la seconde impression qui est douloureuse.
Cette sensation double, à l'état physiologique, a été
décrite par Goldscheider, en 1881, dans sa thèse
inaugurale : *Die Lehre von den specifischen Energieen
der Sinnes-Nerven*.

Plus tard, il remarqua qu'une onde unique d'induction ne pouvait provoquer le phénomène, mais
que pour le produire il était indispensable de faire
passer une série d'excitations. Goldscheider et Gad
sont, par conséquent, arrivés à cette conclusion, que
la sensation de douleur, qui apparaît après un intervalle plus ou moins long, est due à la sommation des
excitations, et que la piqûre avec une épingle était,

par conséquent, analogue à une excitation simple,
mais à une série d'excitations. La sommation se pro-
duirait vraisemblablement, non dans les nerfs périphériques, mais dans la moelle. L'intensité de la
sensation douloureuse, ainsi que l'intervalle au bout
duquel elle apparaît, peuvent varier avec la force de
l'excitant. Pourtant des modifications survenues dans
les voies périphériques peuvent aussi influer sur
l'excitation. Ajoutons que déjà Ch. Richet, Naunyn et
Watteville avaient soutenu que la douleur est due à
la sommation des excitations.

A l'état normal, ce retard est déjà colossal. Goldscheider et Gad ont essayé de le mesurer, en prenant pour élément d'appréciation l'impression seconde (secundäre Empfindung). Une excitation légère
traumatique fait percevoir deux sensations : une première non douloureuse, purement tactile ; puis arrive
un moment de non-perception, puis une impression
secondaire douloureuse. Ils ont mesuré par des méthodes ingénieuses la période latente de cette excitation seconde, et ils ont trouvé environ 900 σ, c'est-
à-dire presque une seconde.

Griffing et Lehmann ont aussi montré que les temps
de réaction à la douleur sont plus longs que les temps
de réaction aux autres sensations.

Comment expliquer ce retard des impressions de
douleur sur les impressions tactiles ? Nous avons déjà
mentionné que Goldscheider et Gad après être arrivés
à la conclusion que la douleur est due à la sommation
des excitations, localisent cette sommation dans la
moelle. La douleur n'apparaîtrait qu'au moment où
la fusion des excitations aurait acquis une certaine
intensité.

Que le phénomène de douleur soit dû à la fusion des excitations, le doute n'est point permis à cet égard. Dans la sphère de la sensibilité, la douleur est l'équivalent du tétanos musculaire dans la sphère de la motricité. Mais la localisation de cette fusion dans la moelle semble avoir perdu beaucoup de sa valeur depuis le travail de Bertholet, fait dans le laboratoire de Herzen, à Lausanne (voir p. 92) et dans lequel il a été démontré que la douleur ne se transmet pas par la substance grise de la moelle épinière, comme on l'avait cru depuis Schiff, mais par les cordons latéraux de la moelle. En effet, ce retard en question avait été expliqué par la différence des voies de transmission des deux sortes d'excitation. Si on admet que les impressions de douleur passent par la substance grise, celles du tact par les cordons postérieues et latéraux, on comprend facilement que les premières retarderont sur les secondes, la durée de la transmission étant plus lente dans la substance grise que dans les fibres nerveuses des cordons blancs de la moelle.

C'est donc du côté de la périphérie qu'il faut chercher les raisons du retard de la douleur sur les autres sensations, et, comme le dit très bien Bertholet, on peut tout aussi bien l'attribuer à un organe récepteur périphérique sensitif présentant une inertie plus grande et demandant un temps plus grand pour réagir à une impression douloureuse.

Plusieurs mois auparavant (voir p. 189) l'une de nous attribuait une *origine toxique* à la douleur. Il y a une grande inertie dolorifique, par rapport aux autres sensations. Cette inertie serait due au temps néces-

saire pour l'élaboration et l'accumulation des substances toxiques.

· Il y a donc sommation des excitations dolorifiques,
mais la sommation se fait à la périphérie et elle est
d'ordre chimique.

La douleur n'apparaîtra que lorsque les substances
toxiques auront acquis une certaine concentration. Le
retard des sensations douloureuses devient donc
inévitable si l'on admet la théorie toxique de la douleur.

Durée. — Un des caractères essentiels de la douleur
est sa survivance à la cause qui l'a engendrée. Nous
avons déjà eu l'occasion de mentionner ce phénomène. Si brève qu'ait été une excitation douloureuse,
elle ébranle douloureusement la conscience d'une
manière durable. A l'état normal il faut quelquefois
plusieurs minutes pour que la douleur s'apaise ; à
l'état pathologique (hyperesthésie, avulsion d'une
dent dans le cas d'ostéo-périostite, et, en général, excitation douloureuse des tissus enflammés), la
douleur peut durer des heures.

Extériorisation. — Comme les autres impressions
cutanées, la douleur est extériorisée, c'est-à-dire
rapportée par la conscience à la périphérie du nerf
excité. Quand on comprime le nerf cubital au coude,
la douleur est ressentie, non au coude même, mais
dans les régions innervées par le nerf cubital, petit
doigt, annulaire, etc. — Une névralgie du trijumeau,
d'abord d'origine périphérique, peut persister même
après l'extirpation intra-cranienne de ce nerf avec
son ganglion de Gasser (les douleurs des centres
sont toujours localisées périphériquement). Nothna-

gel a constaté de violentes et persistantes douleurs névralgiques des extrémités dans les tumeurs du pont de Varole. Les foyers d'hémorragie et de ramollissement de la même région ont déterminé des effets semblables. Henschen a fait connaître un cas d'hémorragie de la couche optique gauche, dont les premiers symptômes consistèrent en douleurs du bras droit ; la paralysie motrice ne s'installa qu'ensuite. Dans les cas de coxalgie, ce n'est pas de la hanche dont se plaignent les malades, mais des douleurs dans le genou ; ces dernières possèdent même une valeur diagnostique.

Il est fréquent que les amputés souffrent de leur membre perdu. Ces douleurs des amputés sont dues à l'irritation des filets nerveux de la cicatrice et à son extériorisation. De même toute excitation extérieure du moignon (électrisation, piqûre) est douloureuse et est localisée sur l'extrémité du membre fantôme. Enfin, notons que ces sensations douloureuses sont empêchées par une piqûre de cocaïne (Pitres), ce qui montre bien qu'elles n'ont pas une origine centrale, mais bien une origine périphérique.

Cependant à cette sensation projetée à la périphérie viennent s'ajouter souvent des sensations localisées sur le trajet même du nerf. Ainsi, dans les névralgies, les douleurs suivent le trajet même du nerf et les irradiations douloureuses correspondent parfois exactement aux ramifications du nerf. Il est possible, dit Beaunis, que ces douleurs non projetées tiennent aux filets nerveux qui se trouvent dans les troncs nerveux eux-mêmes, ou à ce qu'on appelle les nerfs des nerfs (*nervi nervorum*). Les *points doulou.*

*reux* des névralgies s'expliqueraient peut-être de la même façon, à moins que dans certains cas ils n'appartiennent à la catégorie des douleurs sympathiques ou *synalgies*.

Les *synalgies*, signalées par Liegeois et Heuvez de Chegoin, furent mieux décrites par Gueneau de Mussy et étudiées d'une façon complète par de Fromentel. Dans toute synalgie, il existe un point irrité, siège de l'excitation, et d'autre part, un ou plusieurs *points sympathiques* où se manifeste la synalgie. Les rapports des points excités et des points sympathiques sont assez stables chez les différents individus, et de Fromentel a dressé, d'après les observations qu'il a faites sur un certain nombre de sujets, un tableau de ces points sympathiques associés. Il a pu déterminer à la surface du corps 40 points synalgiques, les diviser en synalgies ascendantes et descendantes et démontrer que le plus souvent elles sont transversales, le point irrité et le point sympathique étant homologues. De plus, ces rapports sont tels qu'il y a réversibilité, c'est-à-dire qu'une excitation dirigée sur une région de la surface cutanée où fut perçue une douleur sympathique, peut en déterminer une autre dans la région du point irrité primitif.

Les synalgies à deux ou trois points sympathiques sont moins connues, mais existent cependant.

Les douleurs *échotives* de Gübler sont des synalgies, mais la sensation répercutée n'est pas corrélative à l'excitation provocatrice. Tissot a observé un sourd qui ne pouvait irriter le conduit auditif gauche sans éprouver une douleur à la langue. De Fromentel a observé un individu chez lequel l'irritation de la face mettait en jeu la sensibilité auditive.

D'après de Fromentel, il s'agit sans doute, dans ces cas, d'excitations propagées d'un centre cérébral à un centre voisin, lequel, en vertu de l'extériorisation des sensations, rapporte aux parties périphériques, avec lesquelles il est normalement en rapport, tous les ébranlements dont il est le siège. C'est la théorie centrale des synalgies.

RÉSISTANCE A LA DOULEUR. — ACCOUTUMANCE. — Pour certains auteurs (Ch. Richet, Lucas-Championnière, Tchich, Beau) il n'existe pas d'accoutumance ni de résistance à la douleur. Les différences de résistance ne seraient que des différences de sensibilité.

Le fameux stoïcisme devant la douleur ne se présente que lorsque la douleur n'existe pas. Cette insensibilité à la douleur avait été bien mise hors de doute par Beau dans ses recherches sur l'analgésie hystérique. « Mucius Scævola, disait-il, un hystérique ! Quelle que soit la force de la volonté, aucun homme en possession de sa sensibilité normale ne saurait garder sa main dans un foyer ardent. »

Depuis, les études de Charcot ont confirmé la séparation du tact et de la sensibilité à la douleur chez les hystériques.

Lors des guerres napoléoniennes, les différences dans l'impressionnabilité pour la douleur avaient frappé certains observateurs, mais on les rapportait surtout à la différence des climats et à l'accoutumance d'une vie rude. De Ségur rapporte dans son histoire de la campagne de 1812, que « les Russes parurent plus fermes contre la douleur que les Français. Ce n'est pas, dit-il, qu'ils souffrent plus courageusement. Mais ils souffraient moins, car ils sont moins sensibles, de corps comme d'esprit, ce qui tient à une civilisation moins avancée et des organes endurcis par le climat ».

L'insensibilité des sorciers et des fakirs de l'Inde est due, en grande partie, à l'état d'exaltation morale dans lequel ils se trouvent. C'est cette exaltation, cet enthousiasme, poussé parfois jusqu'à l'extase, qui donnait aux martyrs chrétiens, aux victimes de l'Inquisition le courage de supporter les plus terribles tortures.

Il paraît donc très probable que la soi-disant plus grande résistance à la douleur est due au manque de sensibilité. Mais dans beaucoup de cas ce manque de sensibilité ne s'obtient qu'au prix d'un état tout particulier du système nerveux, que nous appelons excitation, extase, faute d'une compréhension meilleure. Quoi qu'il en soit, il y a une insensibilité qui est d'ordre *psychique*.

L'influence de volonté sur le degré de perceptivité de la douleur rentre dans la même catégorie des cas. Kant souffrait d'attaques de goutte. « Mais alors, raconte-t-il, impatient de ne pouvoir dormir, je recourus aussitôt à mon remède stoïque, d'entretenir sévèrement ma pensée d'un objet que je choisissais à volonté, quel qu'il fût ; par exemple, je la fixais sur une des nombreuses idées accessoires qui s'attachent au nom de Cicéron et je m'efforçais de détourner par conséquent mon attention de cette sensation : par ce moyen, la sensation s'émoussait promptement de sorte que l'assoupissement prenait le dessus. Je puis toujours, quand des attaques réitérées de ce genre ont lieu dans les petites intermittences du sommeil de la nuit, obtenir avec la même facilité le même résultat.

Mais que ce ne fussent pas simplement des douleurs imaginaires, la rougeur des orteils du pied gauche que je constatais le lendemain matin suffisait à m'en convaincre pleinement. »

Ce remède héroïque n'est certainement pas à la portée de tout le monde. D'habitude, une douleur artificielle, qui agit comme dérivatif à la sensibilité trop éprouvée, apporte quelque soulagement. Il y a ici un sujet d'études des plus intéressants.

LES DOULEURS D'HABITUDE. — Sous ce nom, Brissaud a décrit des douleurs dont le caractère essentiel est de survenir à jour fixe, à heure fixe, et sans influence extérieure appréciable. La douleur ne semble obéir qu'à une loi, celle de l'habitude. Il s'agit d'une véritable obsession hallucinatoire douloureuse chez des sujets, à cela près, complètement indemnes.

DOULEURS DE SOUVENIR. — Toute sensation laisse un résidu qui peut, à un moment donné, rentrer dans la conscience actuelle avec plus ou moins d'intensité. Ces résurrections surtout parfaites pour les sensations auditives et visuelles, le sont aussi pour les sensations douloureuses.

Le souvenir d'une douleur peut surgir dans la conscience dans des conditions diverses.

Ce peut être sous l'influence de notre propre *volonté*. Ribot cite des exemples très nets de personnes qui *peuvent* ressusciter en elles le souvenir d'une douleur physique. Chez des sujets très impressionnables, et particulièrement chez les hystériques, une volonté étrangère peut même se substituer à la volonté individuelle et lui imposer la reviviscence de l'image. Or, Hallion et Comte ont vu, à l'aide de leur pléthysmographe digital, que cette sensation suggérée, purement psychique, déterminait des actions de même ordre que la sensation suscitée par une irritation directe des nerfs sensibles.

Plus souvent que la volonté, c'est un élément actuel, mais toujours subjectif, qui détermine les douleurs de souvenir. C'est surtout lorsque nous appréhendons quelque mal que se pressent en foule les souffrances endurées jadis. Parfois l'image douloureuse acquiert une intensité égale à celle de la douleur réellement provoquée. De véritables hallucinations douloureuses peuvent se manifester à la vue, ou à la seule description d'une opération, d'un accident, d'une plaie vive chez une autre personne. On en trouve des exemples dans *le Système nerveux central* de J. Soury et dans la thèse de Éloy Muriset.

Enfin, les douleurs de souvenir peuvent apparaître sans stimulation apparente ni objective, ni subjective. Telles sont celles que décrivit Blocq, en 1891, sous le nom de *topoalgies* et que Huchard, en 1893, a proposé de désigner sous le terme plus exact d'*algies centrales ou psychiques*. Elles sont le plus fréquentes chez les neurasthéniques qui se plaignent de douleurs localisées soit dans un viscère, soit dans un point quelconque du corps, tenaces, persistantes, souvent très intenses, et ayant comme caractère principal d'être indépendantes de toute altération appréciable, soit des tissus, soit des nerfs, soit des centres. Le symptôme dominant qui doit faire soupçonner la nature du mal, c'est l'état neurasthénique du patient.

C'est dans le groupe des algies centrales qu'il faut faire rentrer le symptôme décrit, en 1891, par Mœbius sous le nom de *akinesia algera* et caractérisé par des sensations douloureuses qui ne s'expliquent par aucune lésion locale et se produisent à l'occasion des mouvements volontaires.

Suivant les sujets, les douleurs *sine materia* affectent de préférence certaines localisations, probablement en raison d'événements qui ont laissé une impression émotionnelle accentuée et, partant, plus susceptible d'être réveillée.

. D'après P. Sollier, c'est à une représentation sensitive et non à une représentation intellectuelle que sont dus les troubles émotionnels localisés. Une hystérique chez qui on supprime la sensibilité périphérique devient très peu émotive et cesse presque complètement de l'être dès qu'on supprime la sensibilité viscérale. Dans ce cas, le sujet continue à savoir que certaines choses sont effrayantes et dangereuses, qu'elles produisent des effets douloureux, et cependant il n'en est plus effrayé. C'est parce qu'il ne peut plus se représenter la douleur. Sollier formule cette conclusion que pour se représenter une douleur il faut non seulement savoir qu'elle existe, soit par ouï dire, soit pour l'avoir éprouvée soi-même, mais être capable de la ressentir actuellement.

# CHAPITRE XV

## THÉORIE BIOLOGIQUE DE LA DOULEUR. SON ROLE
## PHYLACTIQUE

La douleur, dit Mantegazza, se dresse devant nous comme une erreur de la nature ou comme une faute de l'homme.

Si on examine de près le phénomène général de la sensibilité de relation, on peut facilement découvrir qu'elle a dans sa naissance et son développement un but, qui est la conservation. Le principe *esthophylactique*, établi par Sergi, se rapporte à la défense de l'individu. Pourtant, de même que la sensibilité trophique se manifeste par l'activité nutritive, ainsi la sensibilité phylactique se manifeste par le mouvement. Et sans le mouvement, la défense serait impossible, et par suite aussi la conservation. La sensibilité et le mouvement constituent donc les moyens de défense de l'être vivant et concourent avec les autres fonctions organiques à sa défense. L'ensemble de ces deux fonctions forme ce que Sergi appelle *esthocinesis*, sens et mouvement.

La sensibilité a pour fin la protection de l'organisme, qui doit *s'adapter* pour vivre et se conserver. Or, dans les êtres vivants actuels, qui se sont déjà,

en général, adaptés aux conditions d'existence, il peut
se produire, dans le milieu où ils vivent, des influen-
ces externes, qui ne sont pas adaptées à eux soit
entièrement, soit en partie. La sensibilité de relation,
développée sous cette influence et pour la défense,
avertit de l'antagonisme qui existe entre l'être vivant
et les actions extérieures. Cet avertissement ne peut
être qu'un état de conscience que nous appelons *douleur*.

La douleur est donc un état de conscience qui révèle un conflit entre la force extérieure et la force
organique, le défaut d'adaptation de celle-ci à la première, et une réaction sans compensation. Le plaisir
par contre, est un état de conscience qui révèle qu'il
y a adaptation entre les forces extérieures incitantes
de la force organique incitée.

Cette fonction phylactique de la douleur a été ex-
posée avec talent par Ch. Richet. Nous le suivrons
dans cette étude :

1° La douleur est produite par une excitation forte;

2° Les excitations fortes désorganisent les tissus
et sont funestes à la vie des êtres et aux fonctions
des organes ;

3° Le souvenir de la douleur persiste avec une
extrême puissance dans la mémoire, et nous sommes
constitués de telle sorte que ce que nous craignons
le plus, c'est la douleur;

4° Par conséquent, nous sommes organisés de
telle sorte que nous fuyons toutes causes de destruction ou de perversion de nos tissus.

Il en résulte que la douleur peut être conçue
comme souverainement utile, puisqu'elle nous fait
fuir ce qui est périlleux pour l'organisme.

Rappelons en quoi consiste la défense d'un organisme par les actions réflexes.

Dès qu'une excitation quelconque, funeste, destructive, a atteint un nerf sensible, aussitôt tout l'organisme vivant se met en état de défense. Il se fait des actions réflexes locales, comme le clignement des paupières, la toux, l'éternuement, le retrait des membres excités ; et des actions réflexes générales, comme le vomissement, l'élévation de la pression artérielle, les mouvements de fuite, l'accélération du cœur et de la respiration, la dilatation (ou la constriction) des vaso-moteurs.

Tout cet appareil de défense ne nécessite ni la conscience, ni l'intelligence. Chez les batraciens, les réactions de l'être aux excitations fortes ne sont pas essentiellement modifiées par la décapitation.

Chez l'homme aussi, dans les cas d'anesthésie chirurgicale par le chloroforme, il y a contre le traumatisme exécuté par le chirurgien des défenses violentes, qui semblent conscientes et voulues, tant la précision et la puissance de ces mouvements sont grandes. Les individus qui se noient, perdent, à un certain moment de l'asphyxie, toute notion consciente, et pourtant ils continuent à se débattre, à s'accrocher aux objets voisins qui peuvent leur servir de planche de salut, tout comme s'ils étaient intelligents et conscients. On ne doit cependant pas dire qu'ils souffrent, puisqu'alors la conscience n'existe plus.

On pourrait donc parfaitement concevoir qu'il y ait une efficace défense des êtres contre les causes externes de destruction, sans qu'il y ait conscience et douleur, et, de fait, il est permis de supposer que, chez beaucoup d'êtres supérieurs, la réponse réactionnelle au traumatisme et à l'excitation forte n'est pas accompagnée d'une perception douloureuse.

Ainsi donc un premier examen superficiel pourrait nous faire croire que la douleur est inutile, puisque les êtres vivants peuvent se défendre, sans éprouver de douleur, contre des excitations fortes et destructrices, rien que par le jeu des réflexes appropriés. Dans la nature, il existe quantité innombrable d'êtres se défendant uniquement par de simples réflexes sans qu'il y ait conscience et, par conséquent, douleur.

Mais toutes ces réactions de défense qui protègent l'organisme attaqué, fuite, retrait des membres, réactions locales, viscérales, défenses spéciales, etc., ne sont que des défenses consécutives. Elles succèdent à l'excitation, mais ne l'empêchent pas d'avoir lieu, et ne la préviennent pas. Or, le plus souvent, malgré l'énergie de la défense, il est trop tard pour que le secours soit efficace. Il n'est plus temps de se défendre contre un serpent venimeux quand sa morsure a fait pénétrer son venin dans le sang ; la douleur cruelle que le poison provoque sera absolument insuffisante pour en arrêter l'évolution fatale.

Donc, cette douleur cruelle n'est pas inutile. Elle est inutile au point de vue de la défense consécutive. Elle est très efficace comme défense préventive.

De là cette différence entre les êtres inférieurs et les êtres supérieurs, que chez les êtres inférieurs la défense préventive, déterminée par la crainte de la douleur, n'existe pas. Ils réagissent contre le traumatisme, quand le traumatisme les a atteints ; ils ne sont pas organisés pour prévenir le traumatisme possible.

Ils ne sont pourtant pas dépourvus totalement de défenses préventives, car l'instinct les protège. Aussi pourrait-on, à la rigueur, concevoir un monde organisé où les défenses préventives seraient organisées par les instincts et non par la crainte de la douleur. En réalité, chez un grand nombre d'êtres, c'est l'instinct qui fait fuir le danger. Ce n'est pas le souvenir des douleurs anciennes qui fait que l'animal évite les dangers; c'est par suite de son organisation psychique que fatalement telle ou telle excitation extérieure détermine chez lui les mouvements qui assureront son salut.

Mais, si merveilleusement adapté au monde extérieur que soit l'instinct, il ne peut pas suffire à prévoir les infinies diversités du danger. Pour prévoir, pour prévenir les périls qui sont innombrables et prennent toutes les formes, on peut dire que la douleur est un élément nécessaire. Les êtres pourvus d'instinct sont de purs automates, qui affrontent sans crainte un danger non prévu par leur structure psychique. Au contraire, les êtres qui connaissent la douleur ont été par elle avertis de ce danger nouveau, et ces avertissements salutaires les préservent; car ils se garderont bien de recommencer.

Contre les traumatismes, les poisons, les venins, les morsures, les brûlures, nous sommes prémunis par la crainte de la douleur. C'est le souvenir ds la douleur qui règle la conduite des êtres intelligents. La douleur est donc une défense préventive intelligente, tandis que l'instinct est une défense préventive automatique. Une grenouille martyrisée plusieurs fois ne sera pas différente d'une grenouille intacte. Comme elle n'a pas gardé le souvenir de la douleur, elle ne modifiera pas sa conduite d'après les douleurs anciennes.

Tout autre est l'être humain. Chaque douleur aura modifié son être psychique, l'aura forcé à réfléchir, à prévoir. Il fera effort pour éviter de nouvelles douleurs.

La douleur a donc une finalité, et une finalité très haute : c'est elle qui nous fait faire un effort vers une intelligence plus complète des choses ; et cette intelligence des choses fait que nous ne sommes plus de purs automates, mais des êtres conformant leur vie aux variations du milieu ambiant. Le triomphe de l'homme sur les autres animaux dans la nature montre bien la supériorité de l'intelligence sur l'instinct dans la lutte pour l'existence ; de sorte qu'au lieu de considérer, au point de vue biologique, la douleur comme un mal, nous devons la tenir comme l'élément fondamental du progrès humain.

« Ce qui fait la conscience de l'homme, c'est la douleur » (Gœthe).

# BIBLIOGRAPHIE


Achard et Laubry. Schmerzhafte der Fettleibigkeit. (*Neurol. Centralbl*, XXI, 1902, p. 44.)

Idem. Ein Fall der Schmerzhaften Fettleibigkeit. (*Ibid.*, pp. 475-476.)

Alrutz. Studien auf dem Gebiete der Temperatursinne. (*Skand. Archiv. f. Physiologie*, 1897, 321-340.)

Idem. Ueber Schmerz und Schmerznerven. (*Ibid.*, 1906, p. 1.)

Anon. The Sensibility of the viscera. (*Lancet*, 1903, II, 1180-1181.)

Idem. Referred Pain. (*Ibid.*, pp. 766-767.)

Baerwinkel. Die Bedentung der centripetalen Irradiation bei. Schmerzhaften Affectionen der Nervenstämme. (*Deutsche Archiv. f. Klin. Med.*, 1875, XVI, 186-199.)

Bain, A. Pleasure and Pain. (*Mind*, 1892, I, 161-187.)

Barker, F. Ueber einen Fall von einseitiger, umschriebener und electiver sensibler Lähmung. (*Deutsche Ztschr. f. Nervenheil.*, VIII, 1896, 348-358.)

Beau. *Arch. gén. de médecine*, 1848, p. 5.

Beaunis, H. La douleur morale. (*Rev. phil.*, 1889, 251-261. Paris. F. Alcan.)

Idem. *Les sensations internes.* (Paris, F. Alcan 1889.)

Beauvais. *Recueil d'ophtalmologie*, mai et juin, 1906.

Boeri et Silvestro. *Arch. ital. de biologie*, XXXI, 1899.

Bechterew. Sulla localizzazione della sensibilita cutanea (tattile e dolorifica) e del senso muscolare nella corteccia del cervello. (VI Cong. fren. ital., *Archivio di psichiatria*, 1883, IX, 213.)

Bernard, Cl. Etude sur la physiologie du cœur. (*Revue des deux mondes*, 1er mars 1865.)

Belloni, C. Di un nuovo algometro. (*Arch. de Psych.*, 1895, XVI, 124-126.)

Bethe, A. Dürfen wir den Ameisen und den Bienen psychische Qualitäten zuzuschreiben ? (*Arch. f. d. ges. Physiol.*, 1898, LXX.)

Binet, A. Contribution à l'étude de la douleur chez les hystériques. (*Rev. phil.*, 1889, 169-174.)

BIERNACKI. *Neurolog. Centralbl.*, XII, p. 369.

BJORNSTRÖM. Algesimetrie. Eine neue einfache Methode zur Prüfung der Hautsensibilität. (*Nova acta reg. soc. scient. Ups. Festband*, Upsala, 1877.)

BJERRUM. Wie entsteht der Schmerz bei Lichtsehen ? (*Klin. Monatsbl. f. Augenheilk.*, XLI, 1903, p. 275.)

BLIX, Magnus. Experimentelle Beiträge zur Lösung der Frage über die specifische Energie der Hautnerven. (*Upsala Läreforen. förhandl.* XVIII, référé in *Schmid's Jahrbüchern*, Bd. 198) et *Ztschrift. f. Biologie*, vol. XXI.

BRISSAUD. Les douleurs d'habitude. (*XIII° Congrès des médecins aliénistes et neurologistes de France et des pays de langue française*, 1903, Bruxelles, vol. II, p. 251, et *Progrès médical*, 1903.)

BORDIER. De la sensibilité farado-cutanée avec la densité électrique. (*Ass. fr. pour l'Avancement des sciences*, congrès de Carthage, 1896, in *Médecine Mod.*, 1896, 236-237.)

Bos, C. Du plaisir et de la douleur. (*Rev. phil.*, 1902, LIV, 60-74.)

BUCH, M. Algésimétrie. (*Pet. med. Woch.*, 1892, IX, p. 245.)

IDEM. Ein einfacher Algesimeter. (*Ibid*, 1891.)

IDEM. Enteralgie u. Kolik. (*Arch. f. Verdauungskrank.*, 1903, 4, p. 355, et 5, p. 189.)

CASTEX. *La Douleur physique.* (Thèse doctorat en méd., Paris, 1905.)

CANTAGANO, G. Nuovo modello di estesiometro. (*Boll d. real. Acc. med. chir. di Napoli*, 1890. II, 109-111.)

CARMAN. Pain and Strength Measurements of 1.507 School Children in Saginawe, Michigan. (*Amer. Journ. of Psych.* X, 8 avril 1899.)

COHN. A. Ueber Gastralgien und gastrische Krisen durch intraperitoneale Lipome. (Diss. München, 1902, 24 pages.)

COLLIER, W. The comparative insensibility of animals to Pain. (*Nineteenth Century*, N. Y., 1889, XXVI, 622-627.)

CRICONIA. De l'influence de l'axe cérébro-spinal sur les mouvements du cœur des grenouilles. (Thèse, Padoue, 1863.)

DARWIN. *L'expression des émotions.* (Trad. fr.)

DESSOIR. Ueber den Hautsinn. (*Arch. f. Anat. und. Physiologie*, 1892, Physiol. Abth.)

*Dictionnaire des Sciences médicales*, t. X, p. 182.

DUMONT, L. *Théorie scientifique de la sensibilité.* Paris, F. Alcan, 4° éd., 1890.

DEHN, W. *Vergleichende Prüfungen über den Haut und Geschmacksinn bei Männer und Frauen verschiedener Stände* (Diss. Juriew, 1891.)

DIEULAFOY. Douleur (*Diction. de méd. et de chir. pratiques.*)

DRESSLAR, F. B. Études sur la psychologie du toucher. (*Année psychol.*, I, p. 345.)

DONATH. *Archiv. f. Psychiatrie*, XXV, 1884.

DUMAS, G. Rech. exp. sur la joie et la tristesse. (*Rev. phil.*, 1896.)

IDEM. *La tristesse et la joie.* Paris, F. Alcan, 1900.

Dupuy, A. *Essai sur la douleur, au point de vue chirurgical.* Thèse Paris, 1901.

Edinger. Zur Lehre vom Schmerze (*Arch. f. Psych.*, 1891, XXIV, 600.)

Egger. Du retard de la perception douloureuse et thermique dans les affections de la substance grise. (*Société de Biologie*, 1901, p. 631.)

Idem. *Arch. f. Psych. und Nervenheilk*, I und II, Heft, 1898.

Féré, Ch. *Pathologie des émotions.* Paris, F. Alcan, 1892.

Flemming. Analgesia als. Symptom der Krankheiten mit Irresein. (*Med. Zeit.*, Berlin, 1833, p. 199.)

Fouillée. *Tempérament et Caractère.* Paris, F. Alcan, 3ᵉ éd., 1901.

Franck-François. Rech. exper. sur les effets cardiaques, vasculaires et respiratoires des excitations douloureuses. (*Comptes rendus de l'Acad. des sc. de Paris*, 1876, LXXXIII, p. 1109.)

Fredericq, L. Y-a-t-il des nerfs spéciaux pour la douleur ? (*Rev. scientifique*, 5 décembre 1896.)

Frey, M. von. Beiträge zur Sinnesphysiologie der Haut. (*Ber. Sächs. gesel.*, *Wiss.*, Leipzig, 1895, pp. 166-187.)

Idem. Beiträge zur Physiologie des Schmerzsinnes. (*Ibid.*, 1894.)

Idem. Untersuchungen über die Sinnesfunctionen der menschlichen Haut. Druckempfindung und Schmerz. (*Ibid.*, 1896, et brochure de 98 pages.)

Idem. *Die Gefühle*, Leipzig, 1895.

Fromentel (de). *Des sympathies douloureuses ou synalgies.* Th. de Nancy, 1838.

Fubini. Une excitation douloureuse peut diminuer ou suspendre la sécrétion de la glande parotidienne (*Arch. ital. de biol.*, 1894, LXVII.)

Funke. Hermann's Handbuch der Physiologie, III.

Galton. La sensibilité comparée de l'homme et de la femme, étudiée dans la région de la nuque. (*Nature anglaise*, 10 mai 1894.)

Goldscheider. *Ueber den Schmerz in physiologischer und klinischer Hinsicht.* Berlin, 1894.

Idem. *Gesammelte Abhandlungen. I. Physiologie der Hautsinnesner ven.* Leipzig, 1898.

Idem. Ueber verlangsamte Leitung der Schmerz-empfindung. (*Deut. med. Woch..*, 1890, XVI, p. 688.)

Idem. Neue Beobachtungen über die Hautsinnesnerven (*Arch. f. Physiol.*, 1885, suppl. 88.)

Idem. Ueber die Summation von Hautreizen. (*Verh. d. physiol. Ges. zu Berlin*, 21 nov. 1890.)

Griffing, H. Experiments on dermal Pain. (*Psychol. Review*, II, 1895, p. 169-171 et *Monograph. supplement*, p. 88.)

Idem. On individual sensibility to Pain (*Ibid.*, 1896, III, p. 412-415.)

Grutzner. Ueber die chemische Reizung sensibler Nerven (*Arch. f. d. ges. Physiol.*, 1894. Bd. LVIII, p. 69-105.)

Havelock Ellis. *Mann und Weib.*, 1894.

HEAD, H. On disturbances of sensation with especial reference to the pain of visceral disease. (*Brain*, XVI, 1893.)

HEIDENHAIN. De l'action jusqu'ici méconnue du système nerveux sur la température du corps et la circulation. (*Arch. f. d. ges. Physiol.*, III, 504-565.)

HERZEN. *Archiv. de Pflüger*, XXXVIII, 1886.

HESS. Algesimeter (*Neur. Centralbl.*, 1895, XIV, p. 518.)

HOFMANN. Ueber hypophrenische Schmerzen und Neurose des Plexus solliacus (*Münch. med. Woch.*, IX, 1902, p. 265.)

IDEM. Fall von Neuritis hypertrophica interstialis. (*Neurolog. Centralbl.*, XXI, 1902, p. 567.)

HÖSSLIN. Ueber die Bestimung der Schmerzempfindlichkeit der Haut mit dem Algesimeter. (*Münch. med Woch.*, 1903, p. 256.)

HUMBERT, E. *De la douleur.* Lausanne, Bridel, 32 pages.

I. IOTEYKO et M. STEFANOWSKA. Recherches algésimétriques. (*Bull. de l'Acad. roy. de Belgique*, classe des sciences, 1903, n° 2, et brochure de 86 pages chez Lamertin, Bruxelles.)

IDEM. Asymétrie dolorifique. (*Société belge de neurologie*, 28 mars 1903, et *Journal de neurologie.*)

IDEM. Contributions à l'étude expérimentale de la douleur. (*Année psychologique*, vol. X, 1904, p. 461-470.)

IDEM. Dissociation des phénomènes de sensibilité et de motilité dans l'anesthésie par l'éther. (*Bull. de l'Acad. roy. de médecine de Belgique*, 31 mai 1902.)

IDEM. Algésimétrie bilatérale chez 50 sujets (*Bulletin de la Société de biologie*, 1903, p. 611.)

I. IOTEYKO, avec la collab. de BILANDE, NARRACOTT et NOEL. Influence du menthol sur les nerfs cutanés. (*Journal de neurologie*, n° 10, 1903.)

I. IOTEYKO. *Le sens de la douleur*, 1905.

IDEM. *Les substances algogènes*, 1905.

JANET, Pierre. *Les stigmates mentaux de l'hystérie.* Paris.

KIESOW, J. Zur Psychologie der Mundhöle. (*Phil. Studien*, XIV, pp. 567-589.)

IDEM. Ein einfacher Apparat zur Bestimmung der Empfindlichkeiten Temparturpuncten. (*Ibid.*, pp. 589-591.)

KIPIANI(Mᴵˡᵉ) et M. ALEXANDER. Influence des pulvérisations d'éther sulfurique sur la sensibilité cutanée. (*Revue psychologique*. fac. 2, 1908).

LAHOUSSE, E. *Manuel de physiologie humaine*, Gand, 1890.

LANGE. *Les émotions*, trad. G. Dumas. Paris, F. Alcan, 2ᵉ éd., 1902.

LANGLEY. (*Brain*, 1903.)

LERDA. *Arch. ital. de biol.*, XIV, 1905.

LEY, A. *L'arriération mentale.* Bruxelles, 1904, 263 pages.

LOEB, J. *Einleitung in die vergleichende Psychologie mit besonderer Berücksichtigung der wirbellosen Thiere.* Leipzig, Barth, 1899.

LOMBROSO, C. Algometro e faradisometro. (*Arch. di pisch.*, 1895, XVI, p. 262.)

IDEM. *Algometria elettrica nel uomo sano e alienato.* Milano, 1867.

Lucas-Championnière, J. La douleur au point de vue chirurgical. (*Rev. scientif.*, 1901, XV, pp. 225-235.)

Lussana, F. *Fisiologia del dolore*, Milano, 1859.

Idem. Del dolore, quale funzione propria al midollo spinale e distinta del senzo. (*Gazz. med. ital. lomb.*, 1864, III, p. 233.)

Idem. *Annali universali di medicina*, novembre 1865.

Luckey. Some recent studies of Pain. (*Amer. Journ. of Psychol.*, VII, 1895, pp. 108-123.)

Mackenzie, J. Pain. (*Brain*, XXV, 1902, pp. 368-386.)

Idem. The Maning and Mechanism of Visceral Pain. (*British Medical Journal*, 1906.)

De Manaceïne, Marie. Sur les sentiments et les sensations et leurs différences fondamentales. (*Comptes rendus du IV° Congrès intern. de psychol.*, Paris, 1900, p. 278-283.)

Manouvrier. *Recherches sur les troubles de la sensibilité dans la contracture idiopathique des extrémités.* Paris, 1877.

Mantegazza. *Fisiologia della Donna*, 1893.

Idem. *La physiologie de la douleur.* Paris, 1888.

Idem. *La physionomie et l'expression des sentiments.* Paris, F. Alcan, 3° éd., 1897.

Mac Donald, A. Sensibility to Pain by Pressure in the Hands of Individuals of different classe , sexes and Nationalities. (Proc. of Amer. Psychol. Associat., 1894, *Psychol. Review*, 1895, p. 156.

Idem. *Further Measurement of Pain.* (Rapport of the Commissioner of Education, 1897-1898, vol. I, p. 1113.)

Idem. *Experimental Study of Children*, 1899.

Mac Kearg, A. J. *The Sensation of Pain and the Theory of the specific sense Energies.* Boston, Ginn. and C°, 1902.

Marshall, H. R. Physical Pain. (*Psychol. Review*, 1895, pp. 594-599.)

Idem. *The physical basis of pleasure and Pain.* (Mind, 1891, XVI.)

Idem. Classification of pleasure and Pain. (*Ibid.*, 1889, XIV.)

Mayer C. Ueber eine vom Nabel ausloesbare Mitempfindung. (*Jahrb. f. Psychiat.*, XX. Festsch., 1902, pp. 69-74.)

Mayer, Léopold. Détermination expérimentale de l'influence d'une révulsion cutanée sur le mécanisme et le chimisme respiratoire. (*Trav. de l'Institut Physiol. Solvay*, t. IV, fasc. I, 1901.)

Millon, H. *Résultat de l'examen de la sensibilité gastrique et épigastrique dans les dyspepsies.* (Paris, thèse, 1902.)

Mitton, J. *Tortures et supplices à travers les âges.* Paris, 1903.

Mitchel, W. Wrong Reference of sensations of pain. (*Med. News*, LXVI, 1895.)

Motschutkowsky, O. Ein Apparat zur Prüfung der Schmerzempfindung der Haut. Algesimeter. (*Neurol. Centralbl.*, XIV, p. 145.)

Idem. Un algésimètre. (*Nouvelle iconographie de la Salpêtrière*, janvier 1895.)

Müller Benno. *Narkologie. Ein Handbuch der Wissenschaft über allg. und lokalen Schmezrbetaeubung*, in 2 Bänden.-Leipzig, 1903.

MURRI. Il sintoma dolore nella diagnosi difficili od undeterminata.
(*Bull. delle Clin.*, 1901, XVIII, pp. 385-405.)

MUSKENS, L. J. J. Studien über segmentale Schmerzgefühlss-
toerungen an Tabetischen und Epileptischen. (*Arch. f. Psychia-
lrie*, 1902, XXXVI, pp. 347-426.)

NAGEL. Ueber den Ort der Auslösung des Blendungsschmerzes.
(*Klin. Monatsbl. f. Angenhk.*, 1901, XXXIX, pp. 879-881.)

IDEM. Ueber den Blendungssmerz. (*Ibid.*, XLI, 1903, pp. 455-
458.)

IDEM. Handbuch der Physiologie des Menschen, III, 1905.

NARDELLI, G. La limite entre la sensibilité thermique et la sensibilité à la douleur. (*Annali dell'Instituto psichiatrico della R.
Univ. di Roma*, vol. III, fasc. I, 1904, p. 227.)

NAUNYN, B. Ueber die Auslösung von Schwerzempfindungen durch
Summation sich zeitlich folgender sensibler Erregungen. (*Arch.
f. exper. Pathol. und Pharmacol.*, 1889, XXV.)

IDEM. Ueber eine eigenthümliche Anomalie der Schmerzempfin-
dungen. (*Arch. f. Psych.*, 1873, IV, p. 760.)

NICHOLS, H. Expériences sur la douleur.(*Proc. of the Amer. Psych.
Association*, 1894.)

IDEM. Pain Nerves. (*Psychol. Review*, 1896, III, pp. 309-313.)

NOISCHEWSKY. Ueber das Vibrationsgefühl von Treitel und das
Knochengefühl von Egger. (*Neurol. Centralbl.*, XXII, 1903,
p. 238.)

NORMAN, W. W. Do the reactions of the Lower Animals against
Injury indicate Pain sensation. (*Amer. Journ. of Physiology*, vol.
III, janvier 1900, n° VI.)

NOTHNAGEL, H. Schmerz und cutane Sensibilitätsstörungen. (*Archiv. f. exp. Pathol. und Pharm.*, 1872, LIV, pp. 121-136.)

OHRWALL, HJALMAR. Die Modalitäts und Qualitätsbegriffe in der
Sinnesphysiologie und deren Bedeutung.(*Skandin. Archiv. f. Physiol.*,1901, XI Band.)

OPPENHEIMER, Z. Schmerz und Temperaturempfindung. Berlin, 1894.

OTTOLENGHI, S. La sensibilita e l'età. (*Arch. di psych.*, 1895, XVI,
p. 540-551 ; *Archives ital. de Biol.*, XXIV, pp. 189-148.)

IDEM. La sensibilité de la femme. (*Revue scientif.*, 28 mars 1896.)

PAGE, A. Pain contrasts. (*Proc. Am. Psychol. Ass,*, 1894.)

PALSCHEV, A. Zahnlückenschmerz. (*Zahntechn. Reform.*, XXI,
1902.)

PAOLINI. Influence du système nerveux sur les mouvements du
cœur. (Bologne, 1864.)

PATRICK. *Popular Science Monthly*, 1895.

PÉNAUD, R.-D. *Le mal de mer.* (Thèse de Bordeaux, 1902, 74 p.)

PHILIPPE. Algésimètre pour contrôler l'appréciation de la douleur.
(*III° Congrès intern. Psychol.* Munich, 1896, p. 279.)

PETRUSCHKY. Spinalgie als Frühsymptom tuberculoser Infection.
(*München med. Woch.*, 1903, L, 9.)

PIDERIT. *La mimique et la physiognonomie*, trad. franç. Paris,
F. Alcan, 1888.

PITRES. Diagnostic du siège des excitations algésiogènes dans les
névralgies par injection de cocaïne. (*Revue neurol.*, 1900, VIII,
1134-1139 ; *Echo méd.*, 1901, XV, 193-196 ; 217-221.)

RICHET, Ch. Les réflexes psychiques. (*Revue philosophique*, 1888.)

IDEM. Etude biologique sur la douleur. (*III° Congrès de Psychol. de
Munich et Revue scientif.*, 1896, 22 août 1896.)

IDEM. Douleur. (*Diction. de Physiol.*, V, fasc. I. Paris, F. Alcan.)

IDEM. *Rech. exp. et clin. sur la sensibilité.* (Dissert. inaug., Paris,
1877.)

IDEM. Y-t-il des nerfs spéciaux pour la douleur ? (*Rev. scientif.*,
1896, p. 713.)

RIBOT. *Psychologie des sentiments.* Paris, F. Alcan, 6° éd., 1906.

ROSENBACH, O. Ueber die unter physiol. Verhältnissen zubeobach-
tende Verlangsammung der Leitung von Schmerzempfindun-
gen bei Anwendung von thermischen Reizen. (*D. med. Woch*,
1884, p. 338.)

ROSENHAUPT, H. *Beiträge zur Kenntniss der Meralgie.* (Dissert. Fri-
burg, 1902.)

RUDINGER. Fall von Adipositas dolorosa. (*Deut. med. Woch.*, 1903
XXIX.)

IDEM. Adipositas dolorosa (*Mittheil. Ges. f. innere Medizin in Wien*,
II.)

RUMPF. Drei Fälle von Neuralgie im Gebiete des Plexus lumbalis.
(*Deut. med. Woch.*, XXIX, 1903.)

SCHIFF, M. *Leçons de physiologie expérimentale sur le système ner
veux.* Florence, 1867.

IDEM. *Mémoires physiologiques*, II, p. 185.

IDEM. Ueber die Function der hintern Stränge des Rückenmarks.
(*Mémoires*, II, pp. 262-275.)

SCHERRINGTON. The skin. (*text book of Physiology de Schäfer*, II,
1900.)

SERGI, G. *Dolore e Piacere. Storia naturale dei Sentimenti.* Milano,
1894.

IDEM. *Arch. de Psychiatrie*, 1893.

SIEBERMANN, E. Zur schmerzlosen Behandlung des Zahnbeins
vermittelst Kohlensäure. (*Deut. Monatschrift k. Zahneheilk*,
1903, XXI.)

SIMIONESCO, M. C. Schmerzhafte Fettleibigkeit. (*Neurol. Cbl.*, 1902,
XXI, p. 476.)

SPINA, Rosario. Cité par Nardelli.

STANLEY HALL and I. MOTORA. Dermal sensitiveness to gradual
pressure changes. (*Amer. Journ. of Psychology*, I, 1887, pp. 72-98.)

STEFANOWSKA (M.). La grande hypnose chez les grenouilles en
inanition. (*Bulletin de l'Académie royale de Belgique*, 26 juillet
1902.) Voir aussi : Ioteyko et Stefanowska.

STEINBÜCHEL. *Schmerzverminderung und Narkose in der Geburtshilfe mit specieller Berücksichtigung der Kombin. Skopolamin-Morphium-Anaesthesie.* Wien, 1903.

STRANSKY, E. Zur Pathologie des Schmerzsinnes. (*Monatssch. f. Psychiatrie und Neurologie*, 1902, XII, p. 531.)

IDEM. Wiener klin. Woch, 1899, p. 833.

STRONG, C.-A. The Psychology of Pain. (*Psychol. Rev.*, 1895, pp. 329-446.)

IDEM. Physical pain and pain nerves. (*Ibid.*, 1896, III, p. 64.)

SODDUTH, W. X. A study in the psycho-physics of pain. (*Chicago, med. Recorder*, 1897, III, pp. 329-337, et 347-353.)

SWIFT, E.-J. Sensibility to pain. (*Amer. Journ. of Psychology*, 1900, pp. 312-317.)

TAMBURINI, A. Les aberrations de la conscience viscérale. (*C. R. IV* Congrès intern. de Psychologie*, Paris, 1900, pp. 216-220.)

TANZI. *Riv. di fren.*, XVI.

TARCHANOFF. Nouveau moyen d'arrêts du cœur. (*Gaz. med.*, 1875, n° 15.)

THINIM, P. Adipositas dolorosa und Schmerzende symmetr. Lipome. (*Monatsh. f. prakt. Dermatol.*, XXXVI, 1903, p. 282.)

THUNBERG, TORSTEN. En ny algesimeter. (*Upsala Läkareför. Förh.*, 1903, VIII, pp. 360-366.)

IDEM. Unters. über die relative Tiefenlage der Kälte-wärme-und Schmerzpercipirenden Nerwenenden in der Haut und über das Verhältniss der Kältenervenenden gegenüber Wärmereizen. (*Skand. Archiv f. Physiol.*, 1901, XI Band.)

IDEM. Unters. über die bei einer einzelnen momentanen Hautreizung auftretenden zwei stechenden Empfindungen. (*Ibid.*, 1901, XII Band.)

TIGERSTEDT und BERGQVIST. Zur Kenntniss der Apperceptionsdauer zusammengesetzten Gesichtvorstellungen. (*Ztschrift für Biologie*, Neue Folge, 1883, Bd. I.)

TISSIÉ, Ph. Y-a-t-il des nerfs spéciaux pour la douleur? (*Revue scientifique*, 1897, VIII, p. 402.)

TSCHISCH, W. Der Schmerz. (*Ztschr. f. Psychol.*, 1901, XXVI, p. 14.)

IDEM. La Douleur. (*C. R. IV* Congrès de Psychol. 1900, Paris, p. 154.)

VANNOD, T. La fatigue intellectuelle et son influence sur la sensibilité cutanée. (*Rev. med. de la Suisse romande*, 1896, pp. 712-751, et 1897, pp. 21-49.)

VERESS. (*Arch. de Pflüger*, 1902.)

VINTSCHGAU und STEINACH. Zeitmessende Versuche über den Temperatur-und Drucksinn. (*Arch. f. ges. Physiol.*, 1888, Bd. XLIII.)

WALTHER. Cité par Scherrington, in *Text Book of Physiol. de Schäfer*, II, 1900.

WEBER, E. H. *Handwörterbuch der Physiologie.* (1846, Bd. III, Abth. 2, pp. 313-315.)

Weiss. Fall von Adipositas dolorosa. (*Deut. med. Woch.*, 1903, XXIX, p. 17.)

Wertheimer. La douleur et les nerfs doloriflques (*Année psychologique*, XIII, 1907, p. 370-399.)

Widmark. *Skand, Archiv. f. Physiol.*, IV, p. 281.

Wilm. Ueber hyperalgetische Zonen beim Kopfschüssen. (*Neurolog. Centralbl.*, 1903, XXII, p. 630.)

Witmer, L. Pressure and pain from the psychologist's Standpoint. (*Am. Med. Surg. Bull.*, N. Y., 1894, VII, pp. 351-353.)

Wosskressensky. Sur la sensibilité de la peau chez les personnes normales et chez les personnes atteintes de paralysie générale progressive. (*Revue de Psychiatrie, de Neurologie et de Psychol. exper.*, en russe, 1896, vol. I, pp. 653-662.)

# TABLE DES MATIÈRES

# CHAPITRE III

### CAUSES ET MODE DE PRODUCTION DE LA DOULEUR



# CHAPITRE IV

### ALGOMÉTRIE. — TOPOGRAPHIE DE LA DOULEUR. — ASYMÉTRIE DE LA DOULEUR



# CHAPITRE V

### ORGANES PÉRIPHÉRIQUES DE LA DOULEUR



# CHAPITRE VI

### VOIES DE CONDUCTION ET CENTRES SUPPOSÉS DE LA DOULEUR

## CHAPITRE VII

### DISSOCIATIONS. — ANALGÉSIE.



## CHAPITRE VIII

### SIGNES DE LA DOULEUR



## CHAPITRE IX

### LA MIMIQUE DOULOUREUSE



## CHAPITRE X

### LA DOULEUR SELON LE SEXE, L'AGE, LA RACE, LA PROFESSION
### ET DANS LES ÉTATS PATHOLOGIQUES. — LA DOULEUR
### CHEZ LES ANIMAUX

## CHAPITRE XI

### LA DOULEUR SENSORIELLE



## CHAPITRE XII

### CLASSIFICATION ET MÉCANISME INTIME DES EXCITATIONS DOULOUREUSES. — UNE THÉORIE TOXIQUE DE LA DOULEUR



## CHAPITRE XIII

### LA DOULEUR DANS L'ENFER DE DANTE

# CHAPITRE XIV

## DE QUELQUES CARACTÈRES PHYSIOLOGIQUES ET PSYCHOLOGIQUES DE LA DOULEUR



# CHAPITRE XV

## THÉORIE BIOLOGIQUE DE LA DOULEUR. — SON ROLE PHYLACTIQUE.

2144. — TOURS, IMP. E. ARRAULT ET Cⁱᵉ.

www.ingramcontent.com/pod-product-compliance
Ingram Content Group UK Ltd.
Pitfield, Milton Keynes, MK11 3LW, UK
UKHW020135130726
13696UKWH00001B/361